모퉁이 돌

모퉁이 돌

민족의 미래를 위해 벽돌을 구워 낸 백남채

김중순 지음

책을 펴내면서

백남채 선생은 대구 · 경북을 대표하는 인물 가운데 한 분이시다. 인물이 시대를 특징짓는다고도 하고 시대가 인물을 낳는다고도 하지만 백남채 선생은 후자의 경우이다. 그가 태어난 것은 600년 조선의 역사가 서서히 막을 내리던 1887년이었다. 그리고 기독교라는 이름으로 전해진 서양의 문물을 익히고, 치욕의 일제시대를 고스란히 겪으면서 그야말로 우리가 역사에서 말하는 '근대'라는 시대를 살았던 분이다. 그의 삶은 참으로 우여곡절이 많았다. 확실한 것이라고는 아무 것도 없는, 도무지 불변하고 영원한 진리란 찾아 볼 수 없는 그런 시대의 삶이었기 때문이다. 자고 일어나면 새로운 것과 만나야 하는 변동의 시대였다. 그의 일대기를 자세히 따라가 보면, 그것은 한 인간의 역사이기 보다 한 시대의 모습이었고, 더구나 그가 살아왔던 대구 경북이라는 지역의 모습이기도 하다.

2006년 학교법인 계성학원에서는 개교 100주년을 맞아 백남채 선생님을 "자랑스러운 계성 10인" 가운데 한 분으로 선정했다. 백남채가 과연 그렇게 자랑스러운 인물이냐에 대해 논란이 있을 수 있다. 그러나 유감스럽게도 우리의 판단에 도움을 줄 만한 근거 자료들은 제대로 정리되어 있지 않다. 역사의 콘텍스트가 읽혀지는 대신 지나치게 일방적인 텍스트 중심의 평가가 자리 잡고 있음을 부정할 수 없다. 한 인물에 대한 이야기가 미화되거나 영웅화되는 것도 삼가야 할 일이지만, 특정한 이데올로기의 잣대로 단순히 평가되는 일도 바람직한 것은 아니다. 이 글은 그런 위험들을 염려하면서 사실을 바탕으로 서술해나가기 위해 노력했다. 일제에 협력할 수밖에 없었던 시대적 배경을 읽어내려 가며 아픈 가슴을 달래야 했다. 만약 그가 친일분자라면 그것은 오히려 우리가 대신 짊어져야 마땅한 우리 공동의 멍에다. 어느 시인의 말처럼, 누구에게 한번이라도 뜨거운 적이 없었던 나는 연탄재 함부로 발로 찰 수 있는 자격이 없기 때문이다. 그의 친일행위가 독립운동가로서의 백남채를 부정할 수는 없는 일 아니겠는가?

계성은 백남채 선생님이 청소년기의 꿈을 키운 보금자리였고, 그의 인격이 형성된 현장이었다. 대구라고 하는 도시도 그 분의 상상력이 형성되는 데 절대적인 공간이었다. 이 책은 격동의 시대를 살았던 그 분의 "인간적인 면모"를 그려내기 위해 기획되었다. 그저 과거라는 시간의 단위 속에서 박제된 모습으로 남아 있는 백남채 선생님을 다시 일으켜 세워 자라나는 청소년들에게 소개하고자 하는 것이다. 실패한 것은 실패한 대로, 성공한 것은 성공한 대로 그 분이 보여 준 민족과 나라를 위한 집념의 의미를 역사적으로 재조명하고자 하는 것이다. 그것은 후세에 교훈과 기쁨과 감동을 제공할 것이라 믿기 때문이다. 또한 백남채 선생님의 파란만장했던 삶의 여정은 우리에게 커다란 자긍심과 희망과 용기를 주어 미래를 위한 롤(role) 모델이 될 것으로 믿기 때문이다. 이 책이 빛을 보게 된 것은 그 분이 가졌던 꿈을 계성학교에만 가두어 두지 않고 세상 모든 청소년들과 나누어야겠다는 학교법인 계성학원 김태동 이사장님의 의지 덕분이다.

따라서 이야기의 서술은 '스토리텔링'의 방식을 취했다. 그것은 '이야기'라고 하는 실체가 현재 진행형으로 말해지는 행위이다. 인쇄매체의 시대에는 '이야기'가 '이미 이루어진 과거의 것'을 의미했다. 그러나 스토리텔링에는 'tell'이라는 구체적인 감각적 행위가 포함되어 있다. 특히 화자와 청자가 같은 맥락 속에 포함됨으로써 현재의 상황이 강조된다. 현장성의 회복, 즉 새롭게 확장된 구술문화의 차원이 되는 것이다. 여기에 'ing'는 상황의 공유와 그에 따른 상호작용성의 의미를 내포한다. 가공되지 않은 단순 자료를 이야기로 풀어 재미있게 만든 것을 말한다. 그래서 상당부분 작가의 상상력에 의한 재구성이 이루어지게 된다. 소위 리얼리티(reality)를 위한 장치라고 할 수 있다.

이 책이 탄생하기까지에는 많은 분들의 도움이 있었다. 처음에 공저자로 참여했던 박창식 목사님의 수고가 적지 않았다. 그는 이미 『미국 북장로교회의 영남지방 선교와 교회형성(1893-1945)』이라는 박사학위 논문을 통해 이 작업을 위한 기초를 마련한 바 있다. 그러나 그가 헌신하고 있는 바쁜 목회활동 때문에 끝까지 함께 하지 못한 것을 유감스럽게 생각한다. 김병희 목사님의 조언과 이현원, 홍순희 교수님의 윤문에 대한 도움도 감사하지 않을 수 없다.

이 책이 대구 · 경북지역의 문화사 연구에 보탬이 되면 좋겠다. 그러나 무엇보다도 청소년들이 '근대'라고 하는 시대 속에 숨은 많은 이야기들을 재미있게 읽어 낼 수 있으면 좋겠다.

2010년의 봄을 기다리며

저자 김 중 순

차례

1 하늘이 무너지다

1906년 10월 하순. 열아홉의 청년 남채는 하늘이 무너져 내리는 듯한 요란한 소리에 놀라 새벽잠을 깼다. 며칠 전, 미국인 선교사들이 세운다는 계성학교를 구경하러 정재순 조사를 따라 경산에서부터 대구까지 왔던 그였다. 그리고 남문 밖 가까운 곳에 머무를 곳을 정하고 며칠을 보내고 있던 중이었다.

"아니, 조사님! 이게 도대체 무슨 소립니까?"

자다 말고 황급히 집 밖으로 뛰쳐나온 남채와 정재순 조사는 벌린 입을 다물지 못했다.

"쾅! 쾅! … 쾅! 쾅!"

사람들은 이미 겁에 질린 얼굴로 삼삼오오 짝을 지으며 웅성거리고 있었다. 마치 때 아닌 난리를 만나 패잔병이라도 된 듯 처분만 기다리고 있는 모습이었다. 가을날 새벽바람은 제법 냉기를 안고 있었건만 우락부락하게 생긴 수십 명의 사내들이 윗옷을 벗어재낀 채 읍성을 무너뜨리고 있었던 것이다. 그들의 손에는 도끼와 쇠막대기가 들려있었고, 흰 수건을 동여 맨 이마에는 벌써 굵은 땀방울이 흘러내리고 있었다. 커다란 쇠망치를 높이 들었다가 힘차게 내리칠 때마다 '휙'하는 바람 소리와 함께 사내들의 우람한 어깨 근육은 거칠게 꿈틀거렸다.

"아니, 저 자들은 대체 누구요?"

사람들은 서로 수군거릴 뿐, 누구 한 사람 감히 나서서 제지하지는 못했다. 양복을 차려입고 허리 뒤로 두 손을 모은 채 먼 발치에서 거드름을 피우는 일본인과 한국인 관리들이 눈에 띄었다. 쇠망치를 든 사내들을 지휘하고 있음이 분명했다. 사실 언젠가는 이런 일이 터질 줄 알았다. 1904년 2월 23일 '한 · 일의정서'가 일방적으로 만들어지고 발표될 때부터 알아봤어야 했다. '군사경찰훈령'인가 뭔가를 통보하더니 한국의 치안을 일본군이 담당한다고 하지 않았던가? 관찰사의 지휘를 받으며 진영대(鎭營隊)에 주둔하고 있던 400여 명의 병사도

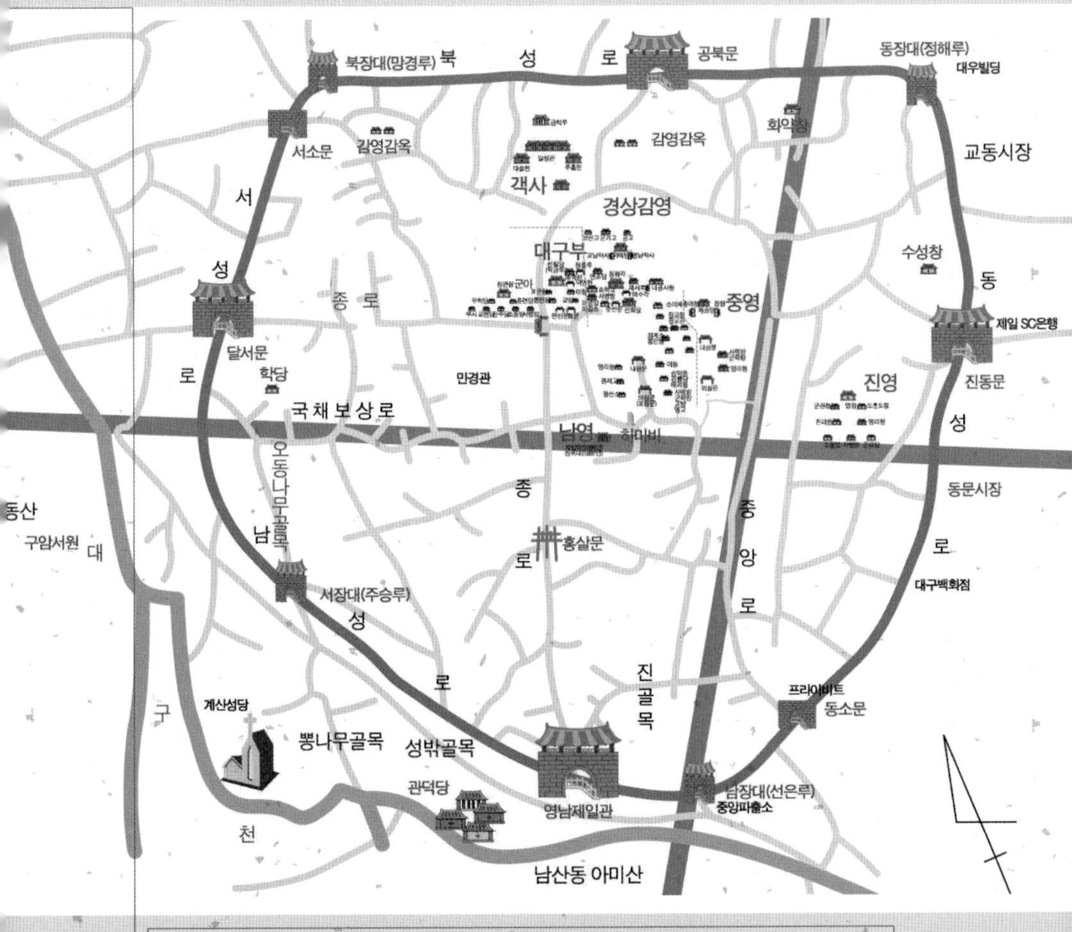

당시 대구읍성도의 재현, 『대구신택리지』

그 때부터 슬그머니 일본군 헌병대의 휘하로 들어가 허수아비 노릇을 하고 있었다. 물론 그 전에도 일본인 장사치들이 들락거리긴 했지만, 그들이 본격적으로 대구의 안방을 차지하려고 준비 한 것은 그보다 훨씬 이전이었다. 청일전쟁 때 일본의 병참부대가 지금의 달성공원인 달성토성을 기지삼아 주둔하기 시작했으니 1894년 6월부터였을 것이다. 그들은 전쟁이 끝나도 철수하지 않고, 뒤이어 러일전쟁을 일으키더니 오히려 병력을 강화했다. 그리고는 1904년에 이르러 대일본거류민회를 설립하여 아예 노골적인 침탈의 이빨을 드러내기 시작한 것이다.

"아니, 조사님. 대체 저들이 무슨 권리로 남의 땅에 와서 이런 무례한 짓을 한단 말입니까?"

일인들의 무례를 몰랐던 것은 아니었으나 직접 이런 꼴을 눈앞에서 목격한 남채의 심장은 좀처럼 진정되지 않았다.

"우리가 힘이 없는 까닭이 아니겠나? 무식한 것도 죄이고, 세상일에 무심했던 것도 우리 잘못이니 어쩌겠나?"

긴 한숨을 내어 쉬는 정재순 조사의 얼굴에도 먹구름이 가득 끼어 있었다. 일본인 거류민회라는 것도 사실은 이 일과 밀접한 관계가 있었다. 1904년 대구역이 설치되자 거류민회는 시가지 쪽 철도용지 6천800여 평을 차용한다면서 대구의 상권을 장악하기 시작했던 것이다. 역전 도로변의 상가들은 자연스레 그들의 손에 넘어갔고, 그들은 아예 주인인양 행세를 하기 시작했다. 경부선 철도가 트이고 부산과 시모노세키를 잇는 부관(釜關)연락선이 생긴 것도 이 때였다. 일본인들의 이주는 러시를 이루었고, 한 달에 최저 80명에서 최고 250여 명이 '장사가 잘 된다'는 대구로 몰려오는 형국이었다.이런 호황을 그냥 두고 볼 일본인들이 아니었다. 이무렵 대구성내의 땅값은 당시 일화(日貨)로 평당 23원꼴이었다. 반면 성 밖은 불과 6원, 좀 비싸야 10원 꼴이었다. 따라서 성벽을 허물고 도로를 내면 땅값이 폭등하리란 사실을 이재(理財)에 밝은 일본인들이 모를 리 없었다. 때문에 이들은 값싼 성 밖의 임야며 전답에 눈독을 들여 매물이 나오는 대로 싹쓸이를 해오고 있었다. 이제 남은 것은 하루 빨리 성벽을 허무는 일이었다.

"도로를 만들어야 합니다. 이제 앞으로 우리 일본에서 엄청난 물자가 들어 올 텐데 도무지 대구에는 도로가 없어 일을 추진하기가 어렵습니다."

"그러려면 성벽부터 걷어내야 하지 않겠습니까? 다 허물어져 가는 저 성벽은 대구를 발전시키는데 아무런 도움이 되지 않습니다."

일본인들은 도로개설의 장애물인 성벽부터 걷어내어야 대

구가 클 수 있다는 명분론을 앞세워 관리들을 부추겼다. 그러나 신임 경상북도 관찰사 이용익은 전임자였던 친일파 장승원과 달리 그리 만만한 인물이 아니었다. 그는 부임하자마자 여러 가지 혁신 시책을 펴나가기 시작했다. 불법징세 엄단, 협잡배 추방, 도로와 관아의 개보수, 신교육장려 등 전임자들이 등한시하던 획기적인 시책들이었다. 특히 '청결법'을 들고 나와, 길거리 청소에 둔감했던 관속들과 주민들을 혼내주기도 했다. 대구의 거리는 이때만 해도 나뒹구는 인분과 가축의 배설물로 온전하게 걸어 다니기 힘들 정도로 불결했으니 이런 개혁시책을 가장 반긴 측은 오히려 일본인들이었다. 잘하면 대구의 개발이 앞당겨져, 대구 땅에 운명을 건 자신들의 미래가 더욱 밝을 지도 모른다는 기대에서였다. 이 바람에 오히려 이용익을 감싸고 두둔하는 분위기마저 일 정도였다. 하지만 이용익은 역시 소문대로 반일의 거목이었다. 일본인들의 기대와는 정반대로 4월 초, 일본인들에 국한한 '토지매매금지령'을 전격적으로 내놓았던 것이다. 매매당사자는 물론 중개인들도 이를 어기면 처벌하겠다는 내용을 담고 있었고, 실제로 영을 어긴 조선인 중개인 20여 명이 투옥되기도 했다. 거류민 신분에 지나지 않는 일본인들이 막강한 자본력을 배경으로 조선의 토지를 무한정 매입하는 현상을 방치할 수는 없는 일이었다. 대구 사람들은 두 손을 들어 환영했고, 그 동안 속앓이만 하고 있었던 억울함과 분함이 하루아침에 해소되는 느낌이었다.

발칵 뒤집힌 일본인 사회는 곧바로 반격에 나섰다. 4월 28일 감영의 선화당(宣化堂)으로 일본인들이 몰려와 격한 데모를 벌였다.

"대구의 개발을 막는 악법을 반대한다!"

"반일 감찰사는 물러가라!"

관찰사 이용익을 찾아간 일본군 수비대장 히다까 사이지(日高才二) 대위는 노골적으로 협박을 했다. 그러나 혼내는 시어머니보다 말리는 시누이가 더 밉다고 했던가? 중재를 빙자한 대구군수 박중양(朴重陽)은 일본인들 덕분에 대구가 개화되고 발전하고 있으니 악법은 폐지되어야 한다는 망언을 늘어놓았다. 결과는 어처구니가 없었다. 울화가 치밀 대로 치민 이용익은 그들의 공갈을 견디지 못하고 이튿날로 관찰사 자리를 박차 버리고 말았다. 그가 대구에서 모처럼 빼 든 '반일의 칼'은 허망하게도 너무 녹슬어 있었던 것이다. 이용익을 쫓아낸 박중양은 경상북도 관찰사 서리직까지 차지하게 되었다. 처음부터 대구읍성 철거에 적극적이었던 박중양은 남의 나라를 삼키려는 그들을 막아 내기는커녕 살금살금 쥐새끼처럼 먼저 나서서 길을 터 주었던 것이다. 박중양의 보호 아래 일본인들은 은밀히 모의를 하여 밤새 부산에서 인부들을 데리고 왔다. 그리

참담하게 무너져 내린 대구읍성 성돌의 흔적들을
백년이 지난 오늘 다시 상징 조형물로 동성로에서 만날 수 있다.

고 읍성의 파괴 작전은 새벽 동이 트기 전에 시작되었다. 일본인들의 지휘 아래 수 십 명의 조선인 인부들이 10여 개 조로 나눠져 사방에서 일제히 성벽을 쳐부수고 있었던 것이다.

"결국 굴러 온 돌이 박힌 돌을 뽑은 격이로군요."

새벽공기의 차가운 침묵을 깨뜨린 남채의 한숨에 정재순 조사는 말을 잇지 못하며 눈물만 글썽이고 있었다.

"누굴 탓하겠나? 이건 말이야, 우리 대구사람들의 자존심을 무너뜨린 게야. 지난 300여 년 동안[1] 변함없이 이곳에 우뚝 서서 우리를 지켜주었는데…… 그것도 왜구들의 침략에 맞서 세운 성벽이 바로 그놈들 손에 허물어지다니……."

백남채는 발에 채이는 연한 고동색 성돌 하나를 들어 올렸다. 직경이 30~40cm나 되어 보이는 것이 혼자 들기에 버거울 정도로 무거운 화강암이었다. 그리고 허무하게 허물어져 내리고만 읍성의 모습을 둘러보았다. 흩어져 뒹구는 그 성돌과 함께 민족의 자존심이 사람들의 발에 채이고 밟히며 농락당하는 모습을 백남채는 두 눈으로 똑똑히 보았고, 그 광경을 뇌리 깊은 곳에 새겨 두었다.

1) 1736년 6월, 영조 12에 축성된 대구읍성은 전체 길이 2,124보(약2,650m), 높이 22척(약 6.6m: 서쪽 및 남쪽 18척, 동쪽 및 북쪽 17척), 성의 폭은 7척(약 8.9m)의 벽돌 성이었다.

비운의 대구읍성! 그동안 관리 부실로 군데군데 허물어진 곳도 있었으나 이곳은 대구 토박이들의 자부심이었다. 사람들은 '대구사람'이란 호칭 대신 '성내사람'이라 불리길 더 좋아할 정도였다. 그러나 무너져 내린 수 만개의 성돌들은 해를 넘기고 나서도 한참 동안이나 대구의 곳곳에 수북이 쌓여있었다. 한 해 내내 진행된 성벽 해체 작업 때문에 대구는 마치 폭격이라도 맞은 유령의 도시 같았다. 언제나 돌먼지가 가득했고 시끄러운 굉음은 여기저기서 그칠 줄을 몰랐다. 그리고 그 돌들은 마치 부모 잃은 고아들이 남의 손으로 넘겨지듯 그렇게 사방팔방으로 흩어지기 시작했다. 새롭게 건축 붐이 일어난 대구의 곳곳에 기초석으로, 혹은 부잣집 주택 담장이나 정원석으로 팔려나갔는가 하면, 주인을 만나지 못한 돌들은 심지어 개천이나 습지에 무더기로 매립되기도 했다.

2 겨울이 뜨거운 도시

경부선 철로가 경산의 고모역에서 남문쪽으로 직행하지 않고 일부러 대구의 동쪽을 크게 돌아 북문 밖으로 지나가게 되었다. 일본 사람들이 제일 먼저 토지를 매입하기 시작한 곳이 공북문(拱北門)이 있던 북성로 쪽이기 때문이었다. 북쪽의 임금을 향해 손을 모아 공경의 뜻을 표한다는 이 공북문이 철거되고 넓은 길이 나면서부터 북쪽 성 밖의 땅값은 무려 10배나 치솟았다. 한국인들이 살아가는 남문 쪽은 빈민촌이 된 반면에 일본인들의 밀집 지역이던 북쪽은 부촌이 되었다. 일찌감치 땅 투기에 나섰던 일본인들은 마치 자기 세상이라도 만난 듯 날뛰며 기뻐했다. 거부가 된 일본인들의 건배 소리는 날로 높아갔고, 헐값에 전답을 날린 한국인들은 땅을 치고 울며 술로 맘을 달랬다. 그러나 이미 때는 늦었다. 남문 밖 한국인들의 거주지인 종로 골목으로 밤길을 나서면, 인적이 드물고 고요했으며 한치 앞도 보이지 않는 암흑세계였다. 슬픔과 처량함이 빗물과 함께 섞이는 날이면 그곳은 아예 죽은 세계나 다름없었다. 다 썩어져 가는 초가집은 따닥따닥 붙어있고 좁은 골목은 몇 백 년 전 그대로 남아 있었다. 도로는 구불구불 멋대로 내버려두어 시궁창이 따로 없었다. 더욱이 동산의 선교사들 저택 아래 납작한 초가들이 옹기종기 모여 있는 모습은 마치 불쌍한 걸인 무리들이 떼를 지어 행려병원에 누워있는 광경과 다르지 않았다. 아! 어찌하다가 이 지경이 되었는가? 민심은 흉흉해지고 인심은 더욱 팍팍해졌다. 가는 곳마다 싸움질이고, 가는 곳마다 한 맺힌 신세타령이었다. 그들의 하늘은 이미 무너졌고, 절망의 나락은 점점 깊어지고 있었다.

중양가절(重陽佳節) 말 말아라. 통곡일세 통곡일세. 누백년을 존숭하던 대구객사 어데갔노. 애구(哀邱) 대구(大邱) 홍. 중양가절 말 말아라. 어이할고 어이할고 대성지성부자묘(大成至聖夫子廟)는 탄토(呑吐) 중에 들었고나. 애구 대구 홍. 중양가절 말 말아라. 전후후무 비기수단(肥己手段) 대구성곽 구공해를 일시간에 팔아먹네. 애구대구 홍…… 중양가절 말 말아라. 떠나갔네 떠나갔네 협성학교 떠나갔네 일도(一道) 청년 어이할고. 애구 대구 홍…….

친일 반역자 박중양에 대한 원망을 대구 사람들은 「중양타령」[2]이라는 노래로 대신했다. 읍성에 이어 조선왕조의 상징적 공간이던 객사마저 무너져 내리자 사람들은 망연자실할 수밖에 없었다.

"자네는 기왕에 대구에 나왔으니 김광제 선생이 운영하는 협성학교에 가보게. 신학문도 배울겸, 자네 실력이라면 한문도 가르칠 수 있을 걸세."

정재순 조사의 목소리에는 간곡함이 배어있었다. 이미 계동(啓東)학교에서 남채에게 공부를 가르친 그로서는 남채를 생각하면 언제나 마음 한구석에 미안함이 있었다. 그가 설립한 송림교회의 당리학교 때부터 남채는 눈에 띄는 학생이었다. 그래서 용성읍에서 경산까지 그를 데리고 와 사월교회에서 운영하는 계동학교에서 공부를 하게 했다. 그러나 당리학교나 계동학교에서 그가 남채를 가르칠 수 있었던 것은 소위 계몽 수준의 '성경공부'에 지나지 않았다. 물론 그것이 중요하긴 했지만, 이미 열아홉 살이나 된 그를 계속해서 어린 아이들과 함께 시골에 붙잡아 두고 있을 수는 없었던 것이었다. 정재순 조사가 남채를 직접 대구로 데리고 와서 막 개교한 계성학교와

2) 《대한매일신보》 1909년 1월 16일자

협성학교 주위를 기웃거리고 있었던 것은 그런 이유 때문이었다. 협성(協成)학교는 대구 광문사와 관찰부에 의해 세워진 신식 교육기관이었다. 마지막 남은 민족적 자존심의 한 자락이었다.

찬 기운이 아직까지 뼛속 깊이 스며드는 1907년 2월 28일. 밤새 내린 눈은 도시를 하얗게 덮고 있었고, 눈바람은 사람들을 더욱 움츠리게 했다. 그 날도 백남채는 학생들에게 한문을 가르치러 협성학교로 향했다. 정재순 조사의 추천으로 백남채는 이곳에서 신학문을 배우면서 한문을 가르치는 학생 겸 선생이 된 것이다. 학교래야 서문밖에 위치한 〈광문사〉의 쪽방뿐이었다. 길 건너 맞은편 수창사(壽昌社) 앞에는 무슨 일이 생긴 게 분명했다. 오늘 따라 사람들이 어찌나 많이 모였는지 광문사 쪽으로 비집고 들어갈 틈도 없었다. 연설이 진행되고 있었던 것이다. 그 때 백남채의 눈에 들어온 것은 협성학교 교장이자 광문사 사장인 김광제였다. 임시로 만든 단 위에 올라서서 포효하는 김광제 사장의 음성은 그 어느 때보다 단호했다. 그 옆에 서상돈 부사장이 서서 다음 순서를 준비하고 있었다.

삼가 아뢰니다. 무릇 신민이 충으로 행하고 의를 숭상하면 그 나라는 흥하고 백성은 평안을 누리며, 불충하고 의가 없으면 그 나라는 망하고 백성이 멸하는 것은 고금의 역사에서 얼마든지 그 근거를 찾아볼 수 있음이라 … 아, 그러나 우리 2천만 동포는 나라와 백성이 이처럼 위난의 지경인데도 결심하는 이 한 사람 없고 방도를 헤아려 기획하는 일이 한 가지도 없으며, 황제폐하께옵서 정사에 골몰하시며 깊은 근심에 젖어있음을 보고서도 모두가 수수방관하고 있으니 나라가 멸망해도 괜찮단 말씀인가…… 일반 국민들은 국채를 국민의 의무로 갚는 것은 불가능하다면서 시대의 추세를 모르는 소리라 말하며, 갚을 책략이 없어 불가능이라고 말하고 있음이라. 그러나 국채를 갚을 한 가지 방법이 있으니, 그다지 힘들지도 않고 재산을 축내지 않고서도 돈을 모을 수 있는 방도인 것이라. 2천만 동포가 석 달만 담배를 끊어 한 사람이 한 달에 20전씩만 대금을 모은다면 거의 1천 3백만원이 될 것이 만약 모자란다면 1원, 10원, 백원, 천원씩 낼 수 있는 사람을 골라 출연시키면 될 일이라.

1906년 일본흥업은행으로부터 1,300만원의 차관을 받아 명맥이라도 유지하고자 했던 한국 경제는 이렇게 파탄의 지경에 이르게 된 것이다. 그러나 일본으로서는 차관 제공이야말로 한국을 일본에 예속시킬 수 있는 가장 효과적인 방법이었다. 실제로 이 자금은 일제의 한국경제침략을 위한 재정으로 활용되었다. 경찰기구의 확장이나 일본인 거류민을 위한 시설에 충당하기도 하였다. 당시 한국정부의 예산은 세입액에 비해

세출 부족액이 77만여 원이나 되는 적자였으니, 이런 거액의 빚을 갚는다는 건 아예 불가능한 처지였다. 그러나 만일 이런 빚을 갚지 못할 경우 한국의 강토는 필경 일본의 손아귀에 들어갈 지경에 놓여 국운은 참으로 절박한 상황이었다.

"옳소! 옳소!"

여기저기서 외치는 소리가 들리더니 어느 새 연설은 박수소리에 묻혀 듣기가 어려울 정도였다. 사람들은 추위를 잊은 지 이미 오래였고, 점점 흥분하기 시작했다. 2천만 동포들이 3개월 동안 담배를 끊어 20전씩 거두면 국채를 갚을 수 있다는 호소에 감동하지 않을 사람은 없었다. 모인 사람들이 이미 나누어 준 '국채일천삼백만원보상취지'[3]라는 글을 읽는 순간 분위기는 사뭇 열기로 가득했다. 서상돈은 주머니 속의 담배 갑과 비싼 권련 뭉치를 끄집어내어 사람들 앞에서 내동댕이치더니 다시 연설을 계속했다.

여기 있는 본인부터 제가 아끼던 권련 뭉치와 담배 파이프, 그리고 신식 라이터를 이 자리에 계신 여러분 앞에서 없애버리는 바입니다. 이 땅의 주인은 무릇 우리 백성들입니다. 그러나 만약 우리가 나라

3) 《대한매일신보》 1907년 2월 21일자

의 빚을 갚지 못한다면 우리는 아무 죄가 없으면서도 오히려 이 땅의 노예가 될 것입니다. 오늘 우리의 이 결심으로 모든 백성이 한 마음으로 힘을 합하여 대사를 성공시킬 수 있도록 합시다. 하늘이 감응하여 우리나라를 보존케 하실 것입니다.

김광제와 서상돈이 기획한 국채보상운동은 이렇게 사람들의 마음을 사로잡기 시작했다. 백정 김창녕이 20원을 바치겠다고 나선 것은 그 때였다. 두 다리가 불구인 걸인이 엽전 50냥을 들고 나왔다. 사람들은 하나 둘 그 자리에서 긴 담뱃대를 꺼내 부러뜨리기도 했다. 감격한 부녀들은 은가락지와 차고 다니던 장도(粧刀)까지도 함께 풀어서 바쳤다. 술 파는 아낙과 차 파는 노파, 책을 낀 학생과 제기 차는 아이들까지도 강개하여 눈물을 흘리며 나서는 모습은 감동 그 자체였다. 심지어 백정, 마부, 채소행상, 여자종, 머슴까지도 나라가 있은 후에 백성이 있는 것이라며 다투어 나섰다. 당일 수합한 돈만 수백 수십 원에 이르렀다. 운동의 호소력은 전국을 달구기에 충분했다. 1907년, 아직 매서운 칼바람이 사람들의 어깨를 움츠리게 하는 늦겨울의 대구는 국채보상운동의 열정이 끓는 뜨거운 도시도 변하고 있었다. 마침내 고종황제까지도 참여하게 됨으로써 국채보상운동은 더욱 더 큰 반향을 불러 일으켰다.

"선생님……!"

김광제와 **서상돈**의 흉상이 대구 국채보상기념공원에 나란히 서있다.

군중들 틈에 선 남채의 가슴 깊은 곳에서는 울컥 치밀어 오르는 무엇이 있었다. 그는 자신보다 20년 이상이나 연배가 높은 김광제를 선생님이라 부르며 가까이서 모실 수 있게 된 것을 커다란 축복으로 여겼다. 서상돈 선생은 당시에 이미 연세가 60이 가까운 큰 어른으로 백남채에게는 둘도 없는 귀한 분이었다. 그를 통해 생전 처음 세상 보는 눈을 가지게 되었으니 그럴 만도 했다. 이 세상 바깥에 또 다른 세상이 있다는 사실을 알게 된것은 이미 어릴 적 고향 가까이 있던 경산 송림교회에서 미국인 선교사를 만나고 나서 부터였다. 그 때의 새로운 세상이란 단순히 이 난국을 피해 숨어서 살아남을 수 있는 '노아의 방주'가 어딘가에 있다는 얄팍한 희망에 불과한 것이었다. 그러나 카톨릭 신자였던 김광제와 서상돈 선생은 회피하여 안주할 수 있는 길 대신 오히려 한 개인이 민족과 나라의 미래를 위해 무엇을 할 수 있는지를 구체적으로 보여준 분들이었다.

"선생님, 나라가 망해가는 이 때 우리가 할 수 있는 일이 무엇이겠습니까?"

"오늘의 급무는 학교를 세우고 인재를 양성하는 것일세."

두 사람의 대답은 언제나 단호하고 확신에 차 있었다. 충청도 사람인 김광제 선생이 법부참사 직을 팽개치고 아무런 연고가 없는 대구로 내려 온 것은 순전히 애국계몽운동을 하기

국채보상회 취지서는 국체보상운동 당시 전국 지역별로 작성된 운동의 목적 등을 설명하는 글이고, 회문과 국채보상자의 의금모집 발문은 지역 주민들의 운동 동참을 권유하는 문건이다.

위해서였고, 대구는 그 스스로 찾은 싸움터였던 것이다. 서상돈 선생은 원래 대구 사람으로 포목상을 운영하며 많은 재산을 모았고, 이미 독립협회와 만민공동회의 간부로 활동하면서 서울에서 활발하게 독립운동을 전개했던 분이었다. 김광제 서상돈 두 어른들과의 만남은 백남채에게 마치 운명과 같은 것이었다. 두 사람은 이 혼돈의 시대에 백남채가 나아가야 할 길을 분명히 보여 준 분이들이었다.

그 해 겨울, 바깥 날씨는 유난히 차갑고 매서웠으나 백남채가 살고 있던 대구의 뜨거운 열기는 좀처럼 식을 줄 몰랐다.

3 배움의 길은 언제라도 늦지 않다

조선 통감부의 이토 히로부미가 겨우 열 한 살 밖에 안 된 황태자 이은(李垠)을 인질로 삼아 일본으로 데려간다는 흉흉한 소문이 떠돈 것은 지난 초가을 때부터였다. 10여 년 전 명성황후가 시해 당했을 적 그 억울함이 아직도 생생한데, 또 한 번의 악몽을 꾸어야 할 판이었다. 그러나 절망스러운 세월을 아파하며 혼자서 두 주먹 불끈 쥐고 울분을 삼키고 있던 백남채에게 놀라운 소식이 들려왔다. 어린 학생들이 거사를 일으켰다는 것이다. 작년에 개교한 계성학교의 학생들이라고 했는데, 거사에 참여한 20여 명 모두가 헌병대에 끌려가 취조를 당하고 있다고 했다. 그러나 그들이 뿌리고 간 전단지는 이 손에서 저 손으로 전해져 여러 사람들에게 읽히고 있었다.

우리 계성의 학도 20인은 조선 땅이 왜놈의 발아래 더럽혀지는 것을 볼 수 없어 이를 결의하기에 이르렀노라. 왜놈들은 조선의 조정에 침입해 왕비를 시해하더니 이제는 조선의 고귀한 황태자 저하를 바다 건너 왜놈 땅으로 압송하기에 이름에, 우리는 더 이상 분을 참을 수가 없어 일어났노라. 우리는 훗날 이 조선을 이끌고 갈 젊은이들로 나라의 앞날을 부흥시키기 위해 신학문에 몰입하고 있는 바, 대구 시내 상권을 좀먹어 가는 왜인의 처사에 또한 분개를 금치 못하노라. 그들은 우리 조정에까지 들어와 정치권을 행사해 나라를 난세로 몰고 이제는 저잣거리에서 상권을 휘두르며 조선 백성의 살림살이까지 위협하는 바, 우리는 그들을 경계하고 축출할 책임을 느끼노라. 조선인의 이름으로, 조선을 책임질 젊음과 지성의 이름으로 왜인들에게 고하노니, 그들은 속히 황태자 이은 저하의 압송을 중지할 것이며 이 땅에서 물러갈지어다.[4)]

조금은 조잡스럽게 등사된 쪽지가 그나마 다 찢어진 채 백남채의 손에 전해졌을 때, 그의 두 눈에서는 뜨거운 눈물이 흘러내렸다. 무너져 내려가는 나라의 운명을 바라보며 슬퍼하고 아파할 줄 아는 어린 학생들이 놀라웠고 그들의 용기가 부러웠던 것이다. 그리고 자신에게 너무나 늦게 찾아 온 이 깨달음

4) 박경숙, 『약방집 예배당』 26쪽, 홍성사, 2006.

이 부끄럽기도 하고 안타깝기도 했다. 백남채는 자신도 모르게 두 주먹을 꼭 쥐었다.

"그렇다. 지금이라도 늦지 않았다. 신학문을 제대로 배워 세상이 어떻게 돌아가는지 알아야 한다. 그리고 이 민족과 이 나라를 위해 진정 내가 할 일이 무엇인지 찾아야 한다."

이미 협성학교도 폐교를 당한 터에 이제 백남채가 계성학교 입학을 주저할 이유가 없었다. 그의 나이 22살, 그러니까 1908년 9월 15일의 일이었다. 이런 결정을 내린데는 경산교회 정재순 조사의 격려가 크게 한 몫을 했다. 나이가 많은 것이 부담스럽긴 했어도, 당시에는 예사로 있는 일이었다. 입학이라고는 하지만 그냥 입학이 아니라 고등보통과의 3학년으로의 편입이었다. 남채의 입학 전 학력을 학교에서 인정해 주었기 때문에 가능한 일이었다. 서당에서 배운 한문 실력이나 계동학교에서 공부한 것, 그리고 협성학교에서 잠시 가르친 경험도 도움이 되었던 모양이었다. 막상 입학을 하고 보니 학생들의 연령대도 10대부터 30대까지 다양했다. 심지어 결혼한 학생들도 많았다. 서양학문을 통해 배우는 근대과학의 원리는 깨우칠수록 놀랍고 신기했다.

당시 한문과목을 담당한 분은 이만집 선생이었다. 그는 해박한 동양사상과 성경을 접목시켜 한문을 가르쳤는데, 안의와

백남채의 삶에 길잡이 역할을 했던 **정재순**(좌측)과 **이만집**(우측)

선교사의 인도로 일찌감치 기독교인이 된 분이다. 그런 탓에 이만집 선생의 수업은 학생들에게 인기가 높았다. 대부분 낮에 힘들게 일하면서 밤에 공부하는 처지인데도 수업시간에는 조는 학생이 한 명도 없을 정도였다. 남채 역시 노동으로 학비와 잡비를 충당하던 처지라 늘 피곤함이 따라 다녔다. 하지만 이만집 선생의 수업시간에는 졸음이 아예 찾아 올 생각을 못했다. 매 시간 듣는 이야기가 새로움 그 자체였다. 새로운 세상에 대한 깨달음이었다. 생전 처음 접하는 물리, 화학, 상업, 수학, 생물, 경제, 지리 등의 과목들도 그의 지적 욕구를 한층 더 자극했다.

계성학교는 대구읍성 서문 밖 동산 너머의 널찍한 언덕에 자리 잡고 있었다. 원래 공동묘지가 있던 황량한 돌산이었으나 언덕 위에 우뚝 선 본관은 위용을 자랑하고 있었다. 본관은 설립자인 아담스 선교사의 이름을 따 아담스관이라고 명명하였고, 40평 남짓한 붉은 벽돌의 2층 양옥교사로 백남채가 입학하던 1908년 3월 말에 완공되었다. 아직 회반죽과 마르지 않은 벽돌 냄새가 배어있는 이 건물은 교실이 5개, 예배실이 1개로 이루어져 있었다. 지하는 보일러실로 사용되었고, 실내에는 난방 시설은 물론 양변기, 세면기 등 위생 시설까지 갖추어져 있었다. 바닥은 장마루판, 천정은 판재, 벽면은 회반죽으로 되어있었다. 건물의 외관은 고딕의 분위기를 풍겼으나 조선식 기와를 얹은 지붕은 한식과 양식의 절충형이었다. 정면 중앙에는 종탑이 있었다. 벽면은 붉은 벽돌과 함께 석재로 짜 올리고, 기단부는 화강암으로 쌓고 그 위에 붉은 벽돌을 올렸다. 그리고 지붕 아래 강당 벽면에는 한문으로 '인외상제지지본(寅畏上帝智之本)'이라는 교훈이 새겨져 있었다. "여호와를 경외함이 지식의 근본"이라는 구약성서 잠언 1장 7절의 말씀이었다. 백남채를 비롯한 근로 학생들에게 주어진 일은 본관 내부를 청소하고 본관을 둘러싸고 있는 2천여 평의 돌산에 터를 닦고 나무를 심는 일이었다. 그러나 백남채는 이 일이 힘들다는 생각을 한 번도 해 본 적이 없었다. 아니, 오히려 그의 삶을 윤택하게 하는 가장 즐거운 일이기도 했다. 유리창에 걸레질하는 일이야말로 곧 자신의 마음을 닦는 일이기 때문이었다.

"滌除玄覽 能無疵乎?: 척제현람 능무자호?"[5)]
돌 거울과 같이 한 점 흠이 없게 마음을 깨끗이 씻고 닦을 수 있는가?

한문공부를 하면서 익혔던 도덕경(道德經)의 이 경구는 어

5) 『도덕경』 10장.

릴 적부터 그를 붙들어 준 보이지 않는 회초리였다. 백남채의 공부는 서서히 절대자 여호와 앞에서 겸손하게 자신을 비우는 것으로 시작되었다. 그런 그의 마음을 더욱 더 단단하게 만들어 준 것은 참으로 우연한 기회에 찾아 왔다.

본관 주변을 청소하던 백남채는 도저히 그냥 지나칠 수 없는 뭔가를 발견한 것이다. 성돌이었다. 대구읍성이 무너지던 그날 이후 한 번도 그의 뇌리에서 사라진 적이 없었던 그 성돌, 사람들의 발길에 채이며 폐허에 방치되었던 그 성돌이 아담스관의 주춧돌로 박혀있는 게 아닌가? 백남채는 자신의 눈을 의심했다. 그러나 틀림없었다. 손으로 더듬어 본 그 돌은 전체 벽면을 이루고 있는 붉은 벽돌과는 달리 연한 고동색이었고, 그 크기도 훨씬 컸다. 백남채는 감격하며 성돌에 얼굴을 부볐다. 그렇게 차가운 성돌에 얼굴을 대고 한참을 감격에 젖어있었다.

"성돌아! 버려졌던 네가 사라져 없어지지 않고 새 건물의 주춧돌이 되어 다시 살아났구나. 고맙다. 고맙다……."

어느덧 백남채의 가슴속에는 커다란 파도가 일렁이고 있었다. 참으로 역설적이고 놀라운 이야기였다. 예수는 남들이 쓸모없다고 버린 돌이었으나 오히려 모퉁이의 머릿돌이 되어 새

아담스관의 주춧돌로 사용된 대구읍성돌

로운 역사를 일으키시는 분이라고 하지 않았던가? 더 놀라운 것은 모퉁이 돌의 중요성이었다. 돌을 쌓아 올려 집을 짓는다면, 주춧돌 역할을 하는 한 구석의 작은 돌은 없어서는 안 되는 중요한 부분이다. 입구나 꼭대기를 장식하는 화려한 돌 보다, 한 구석의 보이지 않는 곳에서 건물의 무게를 견디며 희생하고 있는 모퉁이 돌이 바로 구원자라는 것이다. 남채가 예수를 닮아갈 수 있게 해달라고 기도하기 시작한 것은 그 때부터였다. 보이지 않는 어두운 구석에서 인간의 구원을 위해 목숨까지 버리며 스스로 희생의 제물이 된 예수를…….

> 예수는 너희 건축자들의 버린 돌로서 집 모퉁이의 머릿돌이 되었느니라. 다른 이로서는 구원을 얻을 수 없나니 천하 인간에 구원을 얻을 만한 다른 이름을 우리에게 주신 일이 없음이니라 하였더라 (사도행전 4:12-13)

학교에 휴교명령이 내려진 것은 1909년 10월 27일이었다. 그 전날 중국 하얼빈에서 이토 히로부미가 안중근에 의해 저격되었다는 소식이 들려온 것이다. 경찰은 즉각 시내 거리에서 소란 피우는 것을 금지하고 새벽시장과 노래도 금지했다. 시내의 민가에서는 반기 게양을 실시토록 했으며 휴교령은 전국 공사립 학교로 확대시켰었다. 10월 28일자《대한매일신보》

는 그 사건을 이렇게 보도하고 있었다.

> 범인은 20세가량 된 한인인데 7연발에 탄총으로 이등공을 먼저 쏘고 연하여 일본 총영사 천상과 삼 비서관의 바른 팔과 가슴을 쏘고 이사 전중의 바른 발을 쏘았는데 범인은 말하기를 이등에게 압박을 당하던 한을 갚았노라 하였고 그 시체는 26일 오전 11시에 합이빈에서 오늘 아침 9시에 대련에 도착하였다더라.

1907년 조선군이 강제 해산 당한 후 이런 상황을 예기치 못했던 바는 아니었다. 안창호, 이갑, 이종호 등이 줄줄이 체포되어 용산 헌병대에 전격적으로 연행되어 갔다는 소식도 곧바로 전해졌다. 미국에서 돌아 온 애국지사 안창호가 대한매일신보와 상동교회를 중심으로 조직한 전국 규모의 애국계몽 활동 단체가 연루되어 있다는 것이었다. 그러나 이또의 암살로 말미암아 일본 내에서는 오히려 한국 병합을 빨리 하자는 여론이 급물살을 타고 있었다.

4 푸른 구름 같은 꿈을 가슴에 안고

이제 막 북경 협화대학에서 입학 허가서를 받은 남채는 움이 돋기 시작한 교정의 나무들을 바라보았다. 긴긴 겨울을 이겨낸 나무였다. 제 손으로 심어둔 나무에서 새싹이 돋았기에 가슴은 더욱 뭉클했다. 그 나무들이 자라는 것을 바라보며 중국 유학의 꿈을 키워오던 그였다. 그러나 누구보다도 남채의 유학을 기뻐해 준 사람은 이만집 선생이었다. 아직 중등학교 졸업을 위해서는 과정이 남아있어 주저되는 바가 있긴 했지만 구태여 졸업을 기다릴 필요가 없다고 우겨댄 사람도 이만집 선생이었다.

"축하하네. 하루라도 속히 떠나게. 자네 같은 사람이 어서 바깥세상을 보고 와야 우리가 희망을 가질 수 있지 않겠나? 부디 많은 것을 배워오게."

"잘 해낼 수 있을지 걱정입니다."

대답을 망설이는 남채는 특별히 이만집 선생께 미안한 마음이 적지 않았다. 이만집 선생이야말로 일찌감치 유학을 꿈꿔왔지만 결국 이루지 못했다는 것을 알고 있었기 때문이었다.

"걱정 말게. 그저 그곳에서 보고 느끼는 것만으로도 공부일세. 우물 안의 개구리가 되지 않으려면 부디 많은 사람들을 만나 내 몫까지도 배워오게. 그래야 후진들을 제대로 가르칠 수가 있지 않겠는가?"

1910년 봄, 풍전등화(風前燈火)의 위기에 놓인 조국을 뒤로 하고 뱃길에 오른 남채의 마음은 불안하기 그지없었다. 청운의 꿈을 품고 떠나 온 중국 유학이지만, 예상했던 대로 그리 쉬운 일은 아니었다. 그렇게 남보다 열심히 한문 공부에 정성을 쏟았건만, 영 말이 통하지 않았다. 그래서 수업시간에는 벙어리마냥 입을 다물고 있을 수밖에 없었다. 게다가 풍습이나 제도도 달라 고생이 이만저만이 아니었다. 답답하고 외로운 날들이었지만 그는 결코 학업을 게을리 하거나 포기하지 않았다. 그러나 중국의 현실도 불안하기는 마찬가지였다. 청나라의 유럽 열강에 대한 굴종적 태도는 한층 더 심해졌으며, 이에 따라 중국인의 생활은 더욱 고통이 가중되었다. 결국 1911년 신해년(辛亥年)에 일어난 혁명으로 말미암아 청나라도 무너지고 말았다. 절대로 흔들리지 않을 것 같이 2천년 동안이나 전제정치를 해 오던 거대한 나라가 망하는 것을 그는 자신의 눈으로 똑똑히 보게 된 것이다. 혼돈 속에서 외톨이나 다름없이 지내던 그때, 남채는 때마침 독립운동을 위해 북경에 온 우제(又齋) 이시영(李始榮, 1882-1919)선생을 만났다. 우제는 남채와 같은 대구 사람으로 시서화(詩書畵)에 능한 사람이었다. 그러나 다른 책상물림들과 달리 성품이 괄괄하고 실천력도 있어서 항일투사들로부터 두루 호평을 얻고 있었다. 그는 25세가 되던 을사늑약 다음 해, 기울어져 가는 국운을 한탄하며 결연한 각오로 중국으로 건너간 것이다. '내 목적은 오직 왜놈과 싸우는 것'이라며 크게 활약하던 그의 명성은 이미 조선 땅에서도 높았다. '날개달린 호랑이'라는 별명을 가진 우제 선생을 남채도 언젠가는 만나보리라는 생각을 하고 있던 차였다.

"우제 선생님, 저는 수원 백(白)가이며 이름은 남채(南埰)라고 합니다."

반가운 마음에 남채는 얼른 허리부터 숙였다. 그러자 우제 선생이 남채의 손을 덥석 잡았다.

"이 먼 타국에서 한 민족을 만나니 반갑기 그지 없구료. 그런데 북경에는 어쩐 일로?"

우제 선생의 물음에 남채가 들뜬 목소리로 대답했다.

"예, 유학을 와서 지금 협화대학에서 공부를 하고 있습니다."

"타지에서 공부하느라 고생이 많습니다."

남채의 손을 힘껏 흔든 우제 선생이 고개를 끄덕였다. 당시 우제 선생은 일제에 대한 무력투쟁만이 독립의 길이라는 생각으로 독립군을 양성하고 있었다.

"저보다는 몸소 독립운동을 실천하고 계신 선생님의 고생이 더 크리라 생각됩니다."

남채가 겸손히 말했다. 그 말에 우제 선생이 남채를 물끄러미 바라보았다.

"실천이라…, 하긴 내가 말보다 행동이 앞서긴 하지요. 만주 벌판을 뛰어다니기도 하고, 지금처럼 이렇게 북경 거리를 활보하며 다니기도 하니 말이지요……."

'역시 듣던 대로구나.' 남채는 속으로 탄복하며 우제 선생을 우러러 보았다. 그러나 우제 선생은 자신의 말처럼 결코 행동이 먼저인 사람은 아니었다. 깊은 학식을 바탕으로 내 놓는 그의 의견은 언제나 신중했고, 중국어를 구사하는 실력 또한 대단했다. 남채는 기회 있을 때마다 우제 선생을 만나 가르침을 받으며 학업에 열중했다. 독립운동을 하는 방법에 대해서도 눈을 떠갔다. 우제 선생과 남채의 사귐이 깊어졌을 무렵, 우제 선생은 반주(飯酒)를 곁들인 저녁 식사시간에 남채에게 시를 한 수 읊었다. 때마침 가을바람이 불어오고 있었고, 남채의 마음은 고향에 대한 그리움으로 어수선해 있었다.

버들잎은 푸르러 작은 길을 덮는데
홀로 잔을 기울이니 감회가 깊구나.
몇몇 곳을 떠다니며 마음 붙일 곳을 찾았던가.
어디서 들려오는 젊은이의 노래 소리
큰일에 몸 바쳐 천지를 떠도니 마음에는 꺼림이 없다.
고개 돌려 고국 길 보니 더욱 아득만 하고
종일 돌아가자 애쓰나 이룰 길 없구나.
망연히 물러서 숲속에 핀 꽃을 꺾는다.

시를 다 읊은 우제 선생의 빈 술잔에 남채는 술을 따랐다. 그 손길에 쓸쓸함이 가득 묻어났다. 그러나 고국을 그리는 마음만은 같아서 두 사람은 오래도록 함께 이야기를 나눌 수 있었다.

백남채가 중국 땅에서 이러한 항일인사들과 적극적인 교류를 갖게 된 것은 신민회 사건 이후 우국지사들의 해외망명이 급속히 일어난 덕분이었다. 그가 조국을 떠난 몇 달 뒤인 1910년 8월에 치욕의 한일합방이 이루어지고, 비밀결사 조직으로 독립을 준비하고 있던 신민회마저 105인 사건으로 와해되고 말았던 것이다. 도산 안창호가 중심이 되어 조직된 신민회를 핑계로 일경이 검거한 항일 운동가들의 수는 대략 700명 정도였고, 그 가운데 유죄선고를 받은 사람이 105인에 달했다. 그러나 이 사건은 신민회의 근절, 기독교의 탄압과 선교사의 추방, 애국지사 및 청년의 사기 제압 등을 위한 조작이었다. 이 사건으로 말미암아 국내 항일운동은 엄청난 타격을 받았고, 우국지사들은 항일운동의 근거지를 해외로 옮기지 않을 수 없었다. 우제 선생은 백남채에게 이범석 장군이나 김동삼 선생, 그리고 신채호 선생을 비롯하여 만주나 북경 등지에서 활동하는 많은 독립 운동가들을 소개했다. 특히 김순애와의 만남은 백남채가 본격적으로 독립운동에 참여할 수 있는 결정적인 계기가 되었다.

김순애는 정신여학교를 졸업한 뒤 부산 초량소학교 교사로 재직 중이던 1912년에 우리나라 최초의 양의사였던 오빠 김필순을 따라 중국으로 망명을 한 여성이었다. 나중에 임시정부의 부주석을 지낸 김규식과 결혼을 했고, 상해 대한애국부인회 회장으로 활동할 정도로 신식교육을 받은 맹렬 여성이었다.

김순애 여사는 해방 후
정신여자중 · 고등학교 재단이사장을 지냈다

그녀가 오빠와 함께 머물게 된 곳은 신민회의 이회영 등이 건설하고 있던 길림성의 조선 독립군 기지 신흥무관학교였다. 신흥무관학교는 폐교가 되던 1920년까지 수천 명의 독립군을 배출해낸 곳이었다. 김순애는 여기서 병원을 연 김필순을 도와 모든 수입을 조선 독립군의 군자금으로 기부하였다. 그러나 이곳마저 일본의 영향권에 들어가자 김필순은 1916년 몽골 근처의 치치하얼에서 조선인을 위한 이상촌을 건설하기 시작하였고, 김순애는 남경으로 옮겨 명덕여자학원에 입학하여 수학하던 중이었다. 김순애가 들려주는 오빠 김필순의 이야기를 듣고 있노라면 백남채는 시간 가는 줄 몰랐다. 특히 한학을 공부하고 언더우드 선교사를 만난 일, 에비슨을 만나 제중원 의학교를 졸업하고 의사가 된 일, 그리고 1907년 구한국군 군대의 해산으로 일본군과 시가전을 벌어지는 현장에서 부상자를 돌보던 이야기는 너무나 생생하였다. 마치 한 집안의 이야기가 아니라 조국을 빼앗긴 민족의 항일운동의 역사를 듣는 듯했다.

"보병대대 장병들이 시가전을 벌이던 날 저는 어머니가 걱정이 되어 필순 오빠의 집으로 가던 길이었어요. 그 때 길 위에 강물처럼 흐르는 것이 알고 보니 온통 핏물이었어요."

백남채는 짐짓 확인이라도 하겠다는 듯이 되물었다.

"핏물이라니요?"

김순애는 오히려 담담한 표정이었다. 그 정도로 뭘 놀라느냐는 눈빛으로 이야기를 계속했다.

"세브란스 병원 안에 있는 오빠네 집에 다다르니 병원도 이미 아수라장으로 변했더군요. 온통 부상자와 시체들로 가득했어요."

귀 기울여 듣고 있던 백남채는 행여나 한마디라도 놓칠까 염려하며 호흡을 가다듬었다.

"의사들도 모자랐을 텐데, 그래서 어떡하셨나요?"

김순애는 대답 대신 물 주전자를 찾았다. 그리고 물 한 잔으로 배를 채울 셈인지 숨도 쉬지 않고 들이켰다. 갈증이 컸던 모양이었다.

"식구들에게 도움을 청하는 오빠에게, 우리 어머니는 '아무리 부상병이라고는 하나 시집도 안간 양가집 규수가 어찌 남정네들 간호하는 일을 할 수 있겠느냐'며 거절을 하시지 않겠어요?"

"그래서 돕지 못하셨나요?"

"어찌 그랬겠어요? 사람이 죽어가고 있는데 그런 걸 시시콜콜 따지고 있을 때가 아니라며 오빠는 저와 조카 김마리아의 손목을 끌고 나왔어요. 그 길로 우리는 밤낮을 가리지 않고 다친 군인들을 돌보았지요."

김순애의 이야기는 거기서 끝나지 않았다. 그날 밤 백남채는 김순애와 함께 항일운동 전략을 세웠다 무너뜨리기를 수십 번이나 했던 것 같았다. 그러나 둘은 독립운동을 위한 조직의 시급함에 대해서는 이견이 없었다. 더구나 그것은 안창호, 양기탁, 신채호, 이동휘, 김구 등과 더불어 오빠 김필순이 신민회의 회원으로 활동한 과정을 김순애가 분석한 결과였다.

"이제야 김순애 여사가 왜 이 먼 이국땅까지 와서 독립운동을 하고 있는지 알만 하군요."

"제가 하는 일은 독립운동이랄 것도 없지요. 그저 여성들을 교육으로 계몽시키고 그 힘을 모으면 독립운동에 조금이라도 도움이 되지 않을까 생각할 뿐입니다."

백남채 보다 2살이 어린 김순애는 참으로 재색을 겸비한 신여성이었다. 무력투쟁 외에는 달리 뾰족한 항일의 방법이 보이지 않던 이 시기에 그녀는 '교육'과 '계몽'을 이야기하고 있었던 것이다.

5 기쁜 소식 '복음'

북경의 협화대학을 1918년에 수료한 백남채는 모교인 계성 학교에 당당히 교사로 부임하였다. 계성은 남채에게 신앙심과 민족정신을 일깨워준 학교였다. 그런 학교로 출근하는 남채의 발걸음은 가벼웠다. 콧노래도 흘러나왔다. 그러나 마음 속 깊은 곳에는 어쩔 수 없는 현실에 대한 불만도 덕지덕지 붙어 있었다. 어떻게 하면 죽어 쓸모없는 지식이 아니라 살아있는 필요한 지식을 전해주는 그런 선생이 될 수 있을까 하는 것이 그의 고민이었다. 무엇보다 학생들에게는 비판적으로 생각할 수 있는 훈련이 필요했다. 그저 보이는 대로 현실을 수용하고 순응하기만을 강요당해 온 그들에게 제시할 수 있는 교육방법은 토론이었다. 특히 그가 인도한 토론식 성경 공부는 학생들에게 인기가 높았고 신앙심과 자주독립의 정신을 심어주기 위한 방법으로 안성맞춤이었다.

"선생님, 신약성서는 정말 일점일획도 틀림이 없는 '하나님의 계시'인가요?"

"성서는 역사와 무관하게 하늘에서 뚝 떨어진 게 아니야, 인간의 다양한 경험 속에서 신과 인간, 세계와 구원의 문제에 대한 신앙 선배들의 치열한 고백적 문서라고 해야겠지."

"그렇다면 그 고백의 내용은 무엇인가요?"

"그것은 역사적 인물로서 십자가에서 죽임 당한 예수를 '메시야', '세상에 올 인자', '구세주' 혹은 '해방자'로 증언하고 있다는 거야. 그러나 이런 단어들은 기독교 고유의 것이 아니라 신약성서가 쓰여진 당시, 즉 1세기의 유대교 전통과 당대 헬레니즘 세계에서 사용되었던 용어들을 차용한거지. 그것을 신약의 저자들이 자신들의 관점으로 새롭게 해석한 개념들이야. 따라서 우리는 유대교나 헬레니즘 문화권에서 인간과 세계와 신, 그리고 죄와 구원 등에 관하여 어떻게 말하고 있는지를 먼저 분명하게 알 필요가 있어."

“너무 어렵군요. 그 많은 걸 어떻게 다 공부 합니까?”

“공부란 기술을 익히는 것과는 달라. 원리를 파악하여 자신의 생각을 덧붙이는 일이니 어렵다기 보다 재미있는 일이지. 그러한 이해를 바탕으로 하면 지금 이 위기의 순간에 나와 우리민족이 어떠한 가치관을 가지고 살아가야 할 것인지 결단을 내릴 수 있단 말이야. 무턱대고 ‘성경말씀대로!’를 외치면 교회의 이데올로기를 하나님의 말씀으로 오해하는 위험에 빠질 수 있기 때문이지.”

“선생님 말씀은 신약성서를 무턱대고 적용하기 이전에 해석의 과정을 거쳐야 한다는 말씀이군요. 그렇다면 예수는 어떤 분인가요?”

“여러 각도에서 설명할 수 있지만, 누가복음에 나타나는 예수는 평화와 희년 사건을 성취하신 분이야. 예수가 주는 평화는 세상이 주는 평화와는 다른 거야. 세상의 평화는 한마디로 거짓 평화야. 세상의 질서를 유지함으로써 세상의 불평등한 구조를 더욱 공고히 할 뿐이지. 그러나 예수의 평화는 세상의 잘못된 질서를 뒤엎고 하나님의 새로운 질서를 세우는 것이거든. 예수 탄생과 더불어 시작될 평화의 새 역사는 부자와 권력자에게 더 큰 부와 권력과 안정을 가져다주는 그런 것이 아니야. 마리아는 '마음이 교만한 사람들을 흩으셨으니, 제왕들을 왕좌에서 끌어내시고 비천한 사람들을 높이셨다. 주린 사람들을 좋은 것으로 배부르게 하시고, 부한 사람들을 빈손으로 떠나 보내셨다.'고 노래하고 있지 않은가?"

"그런 모습은 '평화'와는 거리가 멀지 않나요? 오히려 '혁명'에 가까운 모습인 것 같은데요……."

"맞아. 그런 점에서 예수는 모든 사람에게 평화를 주러 왔지만, 유대인들로 대표되는 불의한 '-세상-'을 향해서는 '불을 던지고', '분열을 일으키러 왔다'고 선언하고 있지. 이러한 예수의 모습은 나사렛 설교에서 분명해지는데, '지금' 가난하고 굶주리는 사람은 배부르게 될 것이고, '지금' 슬피 우는 사람은 웃게 되며, 배척을 당하고 욕을 먹고 누명을 받는 사람은 복을 받을 것이지만, 반면에 '지금' 배부른 사람, 웃는 사람, 칭찬을 듣는 사람은 화를 받을 것이라고 선언하셨거든. 이게 바로 구약성서에 나오는 '희년'의 정신이란 거야."

"'희년'이라는 말은 무슨 뜻인가요?"

"희년은 해방의 선포이며, 모든 억압과 불평등에 대한 자유의 선포야. 구약성서 신명기에 나오는 이스라엘 민족에 대한 하나님의 명령이지. 안식년을 일곱 번 지난 다음해, 즉 매 50년마다 이스라엘 백성은 자신들의 가난한 동족을 해방시켜 땅을 되돌려 주어야 하고, 또 가난한 이방 노예들도 풀어주라는 내용이지. 마치 하나님이 그들을 애굽의 억압에서 해방시키고, 그들에게 거저 땅과 소산을 주신 것처럼 말이야."

"그렇다면, 하나님께서 2천 년 전에 이스라엘 민족에게 행하신 그 일이 오늘 우리와 무슨 상관이 있단 말씀입니까? 그런 희년이 우리에게 오기라도 한단 말씀입니까?"

"예수는 평화의 왕으로 이 땅에 와서 불의한 법 체제와 맞서며 억압받는 사람들을 해방시킴으로써 희년의 사건을 성취하고 있지. 예수의 복음은 가난한 자, 소외된 자, 장애인, 세금 징수원, 여성과 같이 당시 세상에서 인간 취급을 못 받던 자들을 하느님의 자녀라고 선언했다는 사실이지. 예수는 자신의 권리를 빼앗긴 사람들의 권리를 회복시켜 주고, 불의한 권력자에게 회개의 행위를 촉구하고 계신 분이 바로 예수야."

"우리도 그런 예수를 닮아야 한다는 말씀인가요?"

"그렇지. 예수를 믿는다는 것은 그를 닮아가는 일이야. 역설

적이게도 '평화를 주기 위해 온 예수'는 유대인들에 의해서 '국가를 전복시키고, 백성을 선동하는 자'라는 죄목으로 로마 당국에 고발당해 십자가에 못 박혀 죽게 되지. 예수를 믿는다는 것은 결국 나도 그 고난의 십자가 죽음에 동참하겠다는 각오를 다지는 일이야."

학생들의 눈동자에 불길이 타오르는 듯 했다. 그들은 말하지 않아도 '억눌린 자'가 누구인지를 알고 있었던 것이다. '불의한 권력자'들이 누구인지도 알고 있었다. 거짓된 안정과 거짓된 평화가 무엇인지도 알고 있었다. 참 평화의 길이 무엇인지도 알 것 같다는 표정들이었다. 백남채의 수업시간은 언제나 이처럼 긴장된 토론의 연속이었다. 방과 후에도 학생들 간의 토론은 끝날 줄 몰랐다. 그들은 말 그대로 '복음'을 듣게 된 것이었고, 그 기쁨에 흥분을 갖추지 못했다.

백남채가 학생들에게 강조한 것 가운데 또 하나는 건강한 신체였다. 건강한 정신은 건강한 신체에서 비롯된다는 것이 그의 신념이기 때문이었다. 운동을 통해 학생들이 호연지기를 키워가길 바랬다. 당시 계성학교에는 야구부, 축구부, 테니스부 등이 있었는데, 백남채는 그들과 함께 운동장을 뛰며 학생들의 용기를 북돋우었다. 운동은 경쟁심을 기르고, 경쟁심은 자신감을 얻는데 무엇보다 필요한 일이었다. 그 결과 5월에 열

토론식 성경공부는 예수께서도 즐겨 사용한 교육방법이었다.

린 경북도내 연합대운동회에서 계성학교가 승리했다. 누가 뭐래도 백남채의 공이 컸다. 그 자리에 있던 안의와 교장 선생이 자리에서 벌떡 일어나 백남채 선생을 얼싸안고 기뻐했다.

"참으로 장합니다. 여러분, 이 우승은 모두 여러분의 노고 덕분입니다. 수고했습니다."

운동장을 가득 채우고도 남을 학생들의 환호성이 터져 나왔다. 백남채는 학생들과 어깨동무를 하고 기쁨을 이기지 못한 채 이리 저리 뛰었다. 경기를 통해 학생들은 모두가 하나 됨을 경험한 것이다. 패배주의에 젖어 있던 학생들이 '우리도 할 수 있다'는 자신감을 조금씩 갖게 되고 한국인으로서의 자의식에도 눈을 뜨기 시작한 참으로 소중한 계기였다.

미국의 윌슨 대통령이 패전국의 식민지 문제를 처리하는데 민족 자결주의를 적용하자고 주장한 것도 이 무렵이었다. '각 민족은 자신의 정치적 운명을 스스로 결정하며 외부의 간섭을 받지 않아야 한다'는 민족 자결주의는 국내외에 있는 독립 운동가들에게 큰 자극이 되었다. 국외에서 먼저 시작된 이 노력은 1918년 11월 여운형, 김규식, 장덕수 등이 신한청년당을 결성하고 독립청원서를 작성하여 중국에 온 미국 특사에게 전하는 것으로부터 시작되었다. 또한, 1919년 1월에는 김규식을 파리 강화회의에 대표로 파견하고 국내외 민족운동가들과 연대를 모색했다. 미국지역의 대한인국민회 총회는 미국 대통령에게 3개항의 청원서를 제출했으며, 도쿄에서도 조선인유학생학우회가 중심이 되어 조선독립청원단을 결성하고 민족대회소집 청원서와 독립선언서를 발표했다. 이 때 들려온 갑작스런 고종의 서거 소식은 타오르던 불에다 기름을 부은 격이었다. 고종의 서거는 일제의 암살이라는 소문이 돌았던 것이다. 드디어 천도교, 기독교, 불교 3개 교단의 인사들이 국내에서의 독립선언을 계획했다. 이들이 준비한 운동계획은 독립을 선언함과 동시에 일본에 대한 독립청원을 병행하고, 대중화 · 일원화 · 비폭력의 3원칙에 따라 운동을 진행하려는 것이었다.

6 먼 데서 찾아 온 손님

백남채는 1919년 1월 남산정교회(현 남산교회)의 제4대 장로가 되었다. 남산교회는 1914년, 대구 제일교회의 전신인 남성정교회에서 분립된 교회였으며 당회장은 부해리(傅海利, Henry Munro Bruen) 목사가 맡고 있었다. 그러나 백남채는 그리 멀지 않은 제일교회의 이만집 목사와 누구보다도 자주 교류했다. 이 목사는 계성학교 교감직을 그만두고 평양신학교를 졸업한 후 제일교회에서 시무하고 있었다. 뿐만 아니라 대구 교계의 지도자들과 선교사들의 후원으로 교남기독청년회(현 대구 YMCA)를 조직하여 초대 회장도 맡고 있었다. 백남채는 그런 이만집 목사를 스승으로 모시고 깍듯이 섬겼다. 실제로 계성학교 시절 그로부터 많은 도움을 받았고, 자신이 중국 유학을 가게 된 결정적인 계기도 그 분이 용기를 북돋아 준 덕택이었다. 이만집 목사 역시 백남채를 끔찍이도 아꼈다. 그의 명석함과 신중함, 그리고 지도자로서의 재목임을 일찌감치 알아 본 것이다.

늦은 겨울비가 추적추적 내리기 시작한 토요일 오후, 여느 때처럼 학교를 마친 백남채가 제일교회에 들러 이만집 목사와 시국을 논하다 함께 나오던 참이었다. 우산을 받쳐 들고 교회당을 나서자 등 뒤에서 백남채를 부르는 젊은 여성의 목소리가 들렸다.

"백 선생님!"

"아니, 김순애 선생 아니십니까?"

상해에서 독립운동을 하던 그 열렬여성 김순애였다. 백남채는 얼른 김순애 곁으로 다가섰다. 한복을 깡총하게 차려 입은 김순애 선생이 반가운 얼굴을 했다.

"예, 그간 잘 지내셨지요?"

"그럼요. 그런데 김순애 선생은 여기까지 어인 일로?"

백남채는 예기치 않았던 김순애의 방문이 한 편 반갑기도 하고 다른 한 편 놀랍기도 하여 한참이나 말을 잇지 못하고 있었다.

"예, 며칠 전 상해에서 돌아 와 선생님을 뵈러 대구로 왔습니다."

"이렇게 멀리까지 찾아오시다니…… 참, 이 분은 제일교회의 이만집 목사님이십니다. 계성학교 학창시절에 저를 가르치신 스승이시기도 하지요."

백남채의 소개에 이만집 목사와 김순애 선생이 목례를 나누었다. 세 사람은 약속이라도 한 듯 다시 교회당으로 들어 가 이야기꽃을 피우기 시작했다. 상해에서 만났던 여러 독립운동 동지들 소식을 비롯해서 신한청년당이 만들어진 이야기, 미국에서 이승만과 안창호를 중심으로 한 국민회 활동, 그리고 일본유학생들이 2월 8일에 독립선언서를 발표했다가 검거되었다는 소식까지 소상히 전해 주었다. 타고난 이야기꾼인 김순애의 이야기에 빠져 있던 백남채와 이만집은 한참이나 웃고 울기를 반복했다. 그러나 총칼 앞에 맥없이 스러져가는 해외 독립운동의 현실에 이르러서는 분루를 삼켰다. 김순애는 나지막하면서도 간곡한 어투로 말을 이었다.

"이제 때가 된 것 같습니다. 머지않아 서울에서 곧 기별이 올 겁니다만, 고종임금의 장례일을 전후하여 거사를 계획하고 있습니다. 그래서 우리 동지들은 백 선생님께서 대구의 시위를 주도해주셨으면 합니다."

그 말에 백남채는 선뜻 뭐라 대답하지 못했다. 서울에서 만세운동을 준비 중이라는 소식은 들었지만 자신이 만세운동을 주도하게 되리란 생각은 해본 적이 없었기 때문이었다.

"선생님, 부디 이번 시위를 꼭 승리로 이끌어주십시오. 부탁합니다."

다시 한 번 힘주어 말한 김순애가 백남채를 올려다봤다. 그 눈길에는 대답을 듣기 전까지는 움직이지 않겠다는 뜻이 담겨 있었다.

'참으로 강단진 여성이로구나.'

백남채가 김순애를 물끄러미 바라보았다. 나라를 위하는 일에 남녀가 따로 있을 수 없다며 여자의 몸으로 독립운동에 가담하더니 이제는 위험을 무릅쓰고 동지들의 연락책까지 맡아 동분서주하고 있다고 생각하니 그녀에게 경탄하지 않을 수가 없었다.

"백남채 선생님, 그리고 이만집 목사님, 부탁드립니다."

김순애 선생이 채근하듯 두 사람 이름을 불렀다. 두 사람은 약속이나 한 듯, 한 목소리로 대답했다.

"예, 꼭 그렇게 하도록 하지요. 당연히 우리가 할 일인걸요."

창밖의 비는 그칠 줄 몰랐다. 세 사람은 찻잔으로 전해 오는 따뜻한 온기를 느끼며 서로를 쳐다보았다. 그리고 그들 사이에 흐르는 침묵을 한참이나 바라보고만 있었다.

며칠 뒤, 김순애가 말했던 대로 서울에서 한 사람이 내려왔다. 세브란스 병원의 사무직원인 이갑성이라고 했다. 그는 백남채가 미리 불러 모은 이만집 목사와 남산교회의 김태련 조사에게 서울에서 곧 벌어질 3·1만세운동에 대해 설명했다. 그리고 앞으로의 만세운동이 어떻게 전개될 것인지, 그 계획이 무엇인지도 알려주었다. 대구시민들이 만세운동에 효과적으로 동참할 수 있도록 해 달라는 부탁도 잊지 않았다. 2월 28일에 세브란스의학전문학교 학생인 이용상 편으로 독립선언서 200매가 보내졌다. 막상 독립선언서를 전해 받은 그들은 떨리는 맘을 주체할 수가 없어 한참이나 교회당 안을 서성거렸다.

"만약 만세운동이 일어나기도 전에 독립선언서가 발각되기라도 한다면……."

정말 큰일이 아닐 수 없었다. 게다가 교회당 안에는 독립선언서를 숨겨둘만한 장소도 없었다. 백남채는 독립선언서를 책보에 싸들고 계성학교로 돌아가 사환에게 그것을 맡겼다.

"이건 우리 학교의 학생들에게 필요한 물건이네. 별건 아니지만 혹시 내가 자리에 없을 때 찾으러 올지 몰라서 그러니 자네가 좀 맡아 있다가 학생들이 오면 꼭 좀 전해주게."

아무런 영문도 모르는 사환은 선뜻 그러겠노라며 책보를 받아갔다.

3월 1일, 서울에서는 예정된 대로 3·1만세운동이 일어났다.

학생들은 3월 5일에도 서울역 광장에서 다시 모여 시위를 했다. 대구에서도 만세운동에 동참해야 한다는 목소리가 절로 터져 나왔다. 고마운 일이었다. 백남채는 평소 가까이 지내던 계성학교의 김영서 교감과 최상원 선생을 찾았다. 그리고 만세운동에 참여해달라는 부탁과 함께 조심스레 학생들의 시위 참여에 대한 말을 꺼냈다. 김영서 교감이 기다리고 있었다는 듯이 대답을 했다.

"우리 민족 모두가 나라의 독립을 바라고 있습니다. 그건 학생들도 예외가 아닐 것입니다. 그러니 당연히 학생들을 참여하게 해야지요."

그들의 찬성에 힘입은 백남채가 좌중을 둘러보았다.

"이제 대구의 각 학교마다 연락을 해야 할텐데, 누가 그 일을 맡아주시겠습니까?"

"제가 하지요."

최상원 선생이 자리에서 벌떡 일어서며 말했다. 그는 때마침 대구에 내려와 있던 평양숭실전문학교의 학생 김무생과 함께 학생들에게 이 소식을 전하겠다고 했다. 김무생은 사월교회 출신으로 계성학교 졸업생이었다.

"그러면 거사일은 언제로 하는 게 좋겠습니까?"

"아무래도 사람들이 많이 모이는 장날이 좋지 않겠습니까? 학생들을 모은다고 해도 저희들 힘만으로는 무리일 테니까요.”

김영서 교감과 최경학 선생이 서로를 쳐다보았다. 그 눈길에는 강한 긍정의 뜻이 담겨 있었다.

“다가오는 8일이 서문장날입니다. 서문장은 대구에서 제일 큰 장이니 많은 사람들이 몰려들겠지요. 그날 만세운동을 벌이면…….”

좋지 않겠느냐고 물어보려던 백남채가 말끝을 흐렸다. 다른 선생님들의 의견을 듣고 싶었던 것이었다. 그러자 선생님들은 기다렸다는 듯이 이구동성으로 말했다.

“그날로 정하지요.”

이렇게 의견들이 모아지자 백남채는 창가로 다가가 먼 하늘을 바라보았다. 이미 어두워진 하늘에는 나뭇가지에 걸린 초승달이 미소를 짓고 있었다. 초승달을 바라보는 백남채의 가슴에는 서늘한 물줄기가 흘러내리는 듯 했다. 그것은 깊이를 가늠할 수 없는 걱정과 불안함이었다.

다음 날, 최상원 선생은 김무생과 함께 대구고보의 학생들을 만나 서울과 평양에서 일어난 만세운동에 대해 알려주었다. 또한 3월 8일, 대구에서도 시위가 벌어질 예정이니 대구고보 학생들도 동참하기 바란다는 뜻을 내비쳤다. 대구고보생의 동원책은 졸업 1년을 앞둔 3학년생이자 입학 2기생인 문학청년

백기만과 그 무렵 중앙학교를 자퇴하고 대구에 머물던 시인 이상화였다. 이만집 목사가 계성학교의 정원조 학생을 이상화의 사랑방으로 보내 같은 뜻을 확인하자 그들은 금세 의기투합했다. 정원조는 백남채가 존경하던 정재순 목사의 아들이기도 했다. 상화의 사랑방에 도착한 정원조는 먼저 이만집 목사의 뜻을 전했다.

"목사님은 내일모레, 그러니까 8일 낮 1시에 서문장 복판에서 독립을 선언한 뒤, 시위행진도 하는 것이 좋겠다고 하셨습니다."

"그렇게 하도록 하지요. 우리도 시간을 맞춰 합류토록 하겠습니다."

이상화와 백기만이 동시에 대답했다.

"그러면 이제 태극기와 독립선언서를 등사하는 일만 남았군요."

아무래도 서울에서 보내온 선언문과 태극기 등은 턱없이 부족할 것 같았다. 고맙게도 김태련 조사가 나섰다. 서울에서 보내온 독립선언문을 남산교회의 지하실에서 등사판으로 200매를 더 인쇄하였고, 3월 7일에는 밤을 새워가며 태극기 40매를 만들었다. 이상화도 따로 인쇄물을 준비하겠다고 했다. 이렇게 대구고보의 학생들과 계성학교의 학생들이 의기투합하고 있을 때, 김무생과 대구고보생 허범의 연락을 받은 신명여학교의

아담스관 지하실에서 태극기와 독립선언서가 제작되었다.

학생들도 시위운동을 준비하고 있었다. 김태련 조사가 마련한 독립선언서와 태극기로도 부족할 듯 했다. 이번에는 김영서 교감이 나섰다. 학생들의 대표 격인 김삼도, 이승욱, 허성도, 김수길, 김재범, 이이석 등을 동원하여 계성학교 아담스관 지하실에서 비밀리에 독립선언서를 등사하였다. 이렇게 등사한 독립선언서와 태극기 가운데 일부는 칠곡, 구미, 김천, 의성, 청송, 안동, 그리고 영해에까지 신속하게 배포되었다.

대구에서 시위운동을 벌일 준비가 착착 진행되어 가는 가운데 일경들은 종교계인사들을 잡아들일 계획을 세워갔다. 이른바 예비검속이었다. 그들은 시위운동이 전국으로 확산되어가는 데다가 그 주동세력이 천도교나 기독교의 지도자들이라는 걸 알고 미리부터 감시를 강화했다. 그러다 종교계 인사들의 움직임이 심상치 않다는 생각이 들자 제일 먼저 천도교의 교구장인 홍주일을 예비 검속했다. 그러나 그것은 이미 늦은 조치였다.

7 그날

1919년 3월 7일, 대구의 날씨는 아침부터 흐렸다. 수업 중이던 백남채는 구름이 가득 낀 하늘을 올려다 보았다. 만약 내일 비라도 내린다면 모든 계획은 물거품이 되고 말 터였다.

"비는 내리지 말아야 할 텐데……."

안타까운 마음에 백남채의 시선은 자꾸만 교실 밖으로 향했다. 이미 시위에 참여하기로 한 학생들의 마음도 그와 마찬가지여서 자연히 학교의 분위기는 어수선했다. 그 시간, 일경들은 기독교인들도 예비검속하기로 하고 그 대상자로 백남채를 지목했다. 사실 가장 먼저 시위운동 주모자로 떠오른 인물은 이만집 목사였다. 하지만 이만집 목사는 기독교계에 알려진 인물이라 선불리 구속할 수 없었다. 물증도 없이 덜컥 구속했다가는 기독교계의 반발에 부딪힐 수 있다는 생각에서였다. 결국 그들은 이만집 목사의 실질적인 '앞잡이' 노릇을 백남채가 하고 있다고 믿고 그를 예비검속하기로 했다. 그리고는 수업을 마치고 교문을 나서는 백남채를 대구경찰서로 연행했다. 몇 마디의 형식적인 질문이 이어졌다. 백남채는 건성으로 대꾸했다. 예비검속에 걸렸으니 대답을 잘하든 못하든 결과는 구속일 게 뻔했다. 게다가 내일은 대구에서 만세운동이 일어나는 날이 아닌가. 그러니 굳이 일경들의 심기를 건드릴 필요가 없었다.

"오늘 하루만 잘 견디면 만세운동이 성사될 수 있다. 주여, 오늘 하루를 지켜주소서!"

빗방울이 떨어지기 시작하자 백남채는 기도를 시작했다. 밤이 새도록 계속된 백남채의 묵상기도가 끝날 무렵, 창밖이 뿌옇게 밝아왔다. 기도의 응답이었을까? 비는 그쳤고, 비쳐드는 햇살에 백남채는 미소를 지었다. 밤새 이어졌던 그의 기도소리가 어느 새 나지막한 목소리의 찬송가로 바뀌어 있었다. 한편, 백남채가 예비검속에 걸렸다는 소식이 삽시간에 시위 주동자들 사이로 퍼져나갔다. 그 소식에 모두 움찔하지 않을 수 없었다. 일경들의 예상대로 이번 시위운동 참여자들 중에서도 백남채의 역할이 그만큼 컸던 것이다. 그러나 이미 죽음을 각오한 그들이 예비검속을 두려워할 리 없었다. 다만 시위운동을 주도하던 백남채가 구속되어 혹시라도 조직이 탄로 날까, 그것이 걱정이었다. 다행히 일경들은 시위 계획에 대해 자세히 알지 못하는 눈치였다.

1919년 3월 8일은 토요일이었다. 정오가 조금 지나서부터 서문시장에 시위대들이 모이기 시작했다. 오전 수업을 마친 계성학교 학생들은 평복으로 위장하여 삼삼오오 모여들었고, 신명학교 여학생들도 언덕길을 내려왔다. 성경학교 학생 20명은 박장호가 인솔해서 도착했다. 그런데, 오후 2시가 넘도록 대구고보와 대구농림의 학생들이 나타나지 않아 지도부는 매우 초조해졌다. 오후 3시 가까이 되었을 때, 대구 고보 학생 약 200명이 교복을 입은 채 뛰어 들어왔다. 이들은 도중에 일본 경찰의 저지를 받아 늦었던 것이다. 군중들은 이만집과 김태련을 나락 가마를 실은 달구지 위에 올려 세웠다. 그 순간 김태련이 주머니에서 독립선언서를 꺼내들었다. 그러나 일경들은 마치 기다리고 있었다는 듯이 달구지 위로 뛰어 올랐다. 호위를 맡은 학생들도 가만있지 않았다. 일경들과 학생들은 서로 엉겨 붙어 난장판을 이루었다. 김태련은 분위기가 급함을 깨닫고 낭독하던 독립선언서를 군중들을 향해 뿌렸다. 그리고 일경들의 제지를 당하면서도 목이 터져라 외쳤다.

"첫째, 오늘 우리들의 이 거사는 정의, 인도, 생존, 존영을 위하는 민족의 요구이니 오직 자유의 정신을 발휘할 것이요, 결코 배타적 감정으로 치닫지 말라. 둘째, 최후의 일인까지 최후의 일각까지 민족의 정당한 의사를 쾌히 발표하라. 셋째, 일체의 행동은 질서를 가장 존중하여 우리의 주장과 태도를 어디까지나 공명정대하게 하라."

일경들이 김태련의 팔을 비틀고 입을 틀어막자 이번에는 이만집이 나섰다.

"여러분! 지금은 우리가 두려워하지 말고 나서야 할 때입니다. 대한민국의 독립을 세계를 향해 당당하게 선언해야 합니다."

여기저기서 만세를 외치며 호응하는 소리가 들렸다.

"대한독립만세!"

"대한독립만세!"

그러나 끌려 내려간 김태련은 그 사이 일경들의 발길에 채여 시궁창에 처박히고 말았다. 그의 아들 김용해가 달려들었지만 역부족이었다. 두 부자는 일경들의 군화 발에 짓밟혀 순식간에 피투성이가 되고 말았다. 피를 본 군중들이 가만히 있을 리가 없었다. 일제히 만세를 외치며 데모행진을 시작하자 일경들의 일차 방어선은 너무나 쉽게 무너졌다. 그러나 시위대가 동산교(동산파출소앞)에 이르자 이미 일본 기마병들이 막고 서 있었다. 살벌한 분위기였지만 그들은 두려울 게 없었다. 처음 출발할 때의 인원은 약 700명이었으나 갈수록 군중은 많아졌다. 시위 대열이 약전골목 네거리에 이르렀을 때 다시 신명학교 여학생 약 30명이 만세를 부르며 대열에 뛰어들었다. 검정치마에 흰 저고리 교복을 입은 학생들은 아예 치마끈을 떼버리고 조끼를 만들어 치마에 달아 입었다. 그리고 태극기를 크게 만들어 치마 안쪽 가슴에 단단히 매었다. 전날 내린 비 탓으로 치마가 온통 흙투성이가 된 학생도 있었다. 진흙에 신발을 빠뜨리고 맨발로 뛰는 학생들도 있었다. 군중의 열기는 더욱 고조되고 남녀노소 가릴 것 없이 소리 높인 만세소리가 달구벌 하늘에 진동하였다. 기마병을 피한 대열이 왼쪽으로 돌아 중앙로 건너편의 달성군청(지금 대구백화점 곁)앞에 이르렀을 때 미리 대기하고 있던 헌병들이 총칼을 휘두르면서 시위대를 무자비하게 진압하기 시작하였다. 시위대는 두들겨 맞고 구둣발에 채였다. 옷은 찢기고 피를 흘리며 하나둘 유치장으로 끌려갔다. 그러나 그런 폭력이 시민들의 애국정열과 울분을 가라앉힐 수는 없었다. 통한의 눈물은 날이 어두워지자 거센 소나기로 변해 온 도시를 적시고 있었다.

시위는 그렇게 비극적으로 끝났다. 유치장에 감금되어 있던 백남채는 할 수 있는 일이 아무 것도 없었다. 마음은 답답하기 그지없으나 갇힌 몸이 되고 보니 애만 태워야 했다. 시위꾼들

대구에서는 3월 8일에 **만세시위**가 일어났다.

은 속속 잡혀 들어왔다. 유치장 안은 일어설 틈도 없을 정도로 금세 북적거렸다. 김태련 조사의 아들인 김용해가 초죽음 상태로 잡혀와 있다는 것을 한참이 지나서야 알게 되었다. 이만집 목사도 아들 이성해와 함께 끌려왔고, 계성학교 교사였던 권희윤도 아들 권영화와 함께 끌려왔으며, 백남채가 존경했던 서문교회의 정재순 목사도 아들 정원조와 함께 끌려왔다. 3월 10일자로 계성, 신명, 대구고보의 세 학교에는 휴교령이 내려졌고, 기독교계의 지도자들도 대부분 검거된 뒤라 시위도 한풀 꺾인 듯 했다. 그러나 시민들의 가슴속 깊은 곳에 지펴졌던 불씨가 더욱 맹렬한 불길로 일어나 번진 탓에 바깥에서는 2차 시위가 계획되고 있었다. 대구고보 학생 박남준, 김재소와 계성학교 학생 박태현, 박성용 등이 지방의 유지 김재병, 이덕주, 김지운 등과 모의하여 3월 10일 남문 밖 시장(지금의 염매시장)에서 또 다시 거사를 감행한 것이다. 오후 4시, 장사꾼으로 가장해서 시장에 들어간 주동자들이 감추어 가지고 왔던 태극기를 꺼내어 '대한독립만세'를 외치자 수백 명의 위장 장사꾼들이 소리높여 만세를 외쳤다. 눈치를 채고 미리 와서 대기하고 있던 일본 헌병들의 저지로 가두시위는 이루어지지 못하고 주동자들은 또다시 검거되었다.

이런 열기는 경상도 지역 전역으로 번졌다. 김천에서는 3월 11일에, 칠곡에서는 13일에, 영덕에서는 18일에, 그리고 의성에서는 12일부터 25일까지 19차례의 시위가 벌어져 200여명이 구속되고 1명이 사망, 6명이 부상을 입을 정도였다. 안동에서도 17차례의 시위가 벌어져 16명이나 죽임을 당할 만큼 시위는 격렬해졌다. 성주와 구미에서도 4월이 지날 때까지 시위가 계속되었다. 경북지역에서의 만세운동은 4월 28일까지 50여 일간 계속되었는데, 60개소에서 90여회에 걸쳐 연인원 3만여명이 참여를 했다. 시위대들은 대부분 직접 일경들의 무력에 대결하며 격렬한 만세시위를 벌였다. 서울에서는 3월 22일 노동자대회가 열렸으며 전차종업원, 경성 철도노동자 등은 파업으로 일본 제국주의에 대항했다. 평양과 선천 등지에서도 상인들이 철시(撤市) 투쟁을 벌였다. 농촌에서는 횃불시위가, 산 위에서는 봉화시위가 이어졌고, 이 마을 저 마을로 시위를 확산하는 만세꾼들이 등장했다. 3·8 만세운동으로 대구 경찰서에 구금된 사람은 모두 157명이었다. 그들 가운데 단순 가담자는 훈방되었고 그 나머지 67명은 대구지방법원에서 재판을 받았다. 이들에게 씌워진 죄명은 '보안법 및 출판법 위반'이었다. 그러나 그것은 이미 각오한 바였다. 사태는 이미 전국 각지로 확산되어 5월까지 계속되었다.

조선총독부 판사의 심문이 시작되었다. 판사는 먼저 백남채의 성명, 나이, 직업, 주소 따위를 물었다. 형식적인 질문이었다. 그 질문에 백남채는 조금도 거리낄 게 없다는 듯이 사실 그대로 알려주었다. 판사가 백남채를 위아래로 훑어봤다. 그리 당당한데 왜 여기에 와 있느냐는 눈빛이었다. 그러더니 딱딱하게 굳은 음성으로 심문을 계속했다.

"그대는 어떤 죄를 저질러서 구금되어 있는가?"

"보안법 위반이라는 죄목으로 2년 형을 언도받았는데, 지금 대구 감옥에 있으면서 불복상고 중이다."

묻지 않은 것까지 말하면서 백남채는 판사를 올려다보았다. 판사의 표정에는 변화가 없었다. 그러나 서류를 뒤적이는 손길은 조금 전보다 거칠어져 있었다.

"세브란스 병원의 사무원 이갑성을 아는가?"

"같은 대구 출신이라서 어릴 적에는 알고 지낸 사이다. 하지만 칠 년 전에 만난 이후로는 만난 적이 없다."

판사의 미간에 주름이 잡혔다. 손끝으로는 탁자를 소리가 나지 않을 정도로 두드렸다. 심기가 불편한 모양이었다. 하지만 백남채는 아랑곳하지 않고 묻는 말에 또박또박 대답했다. 독립운동을 하지 않았느냐는 질문에는 무조건 아니다, 하지 않았다, 고 오리발을 내밀었다. 그것만이 시위운동에 동참했던 많은 동지들을 보호할 수 있는 길이었다. 자칫 판사의 유도심문에 넘어가 동지들의 이름을 들먹였다가는 모두가 희생될 게 뻔했다. 백남채 뿐만 아니라 이갑성, 이만집을 비롯한 다른 시위 주동자들도 판사의 심문에 서로의 이름을 엉터리로 불러주거나 모르쇠로 일관했다. 그들 앞에 사실을 털어놓아야 할 이유가 없었던 것이다. 판사는 백남채와 더불어 김영서, 최상원, 김무생, 정재순에게 징역 2년을 선고하였다. 이만집 목사에게는 징역 3년을, 김태련 조사에게는 징역 2년 6개월을 각각 선고했다. 그 외의 주동자들에게는 징역 1년 6개월에서 6개월이 선고했다.

그러나 어쩌랴, 그것이 나라 잃은 백성이 겪어내야 할 설움인 것을. 만세운동이 끝난 후, 함께 거사를 준비했던 시인 이상화는 삭막하고 황량한 수성벌을 바라보며 아픈 가슴을 달랬다. 그리고 "빼앗긴 들에도 봄은 오는가"라는 시로 울분을 토해냈다.

지금은 남의 땅 - 빼앗긴 들에도 봄은 오는가?

나는 온 몸에 햇살을 받고
푸른 하늘 푸른 들이 맞붙은 곳으로
가르마 같은 논길을 따라 꿈 속을 가듯 걸어만 간다.

입술을 다문 하늘아 들아

내 맘에는 내 혼자 온 것 같지를 않구나.
네가 끌었느냐 누가 부르더냐 답답워라 말을 해다오.

바람은 내 귀에 속삭이며
한자욱도 섰지 마라 옷자락을 흔들고
종다리는 울타리 너머 아가씨같이 구름 뒤에서 반갑다 웃네.

고맙게 잘 자란 보리밭아
간밤 자정이 넘어 내리던 고운 비로
너는 삼단같은 머리털을 감았구나, 내 머리조차 가쁜하다.

혼자라도 가쁘게 나가자.
마른 논을 안고 도는 착한 도랑이 젖먹이 달래는 노래를 하고
제 혼자 어깨춤만 추고 가네.

나비 제비야 깝치지 마라, 맨드라미 들마꽃에도 인사를 해야지.
아주까리 기름 바른 이가 지심 매던 그 들이라 다 보고 싶다.

내 손에 호미를 쥐어다오.
살진 젖가슴과 같은 부드러운 이 흙을
발목이 시리도록 밟아도 보고 좋은 땀조차 흘리고 싶다.

강가에 나온 아이와 같이
짬도 모르고 끝도 없이 닫는 내 혼아
무엇을 찾느냐 어디로 가느냐, 웃어웁다, 답을 하려무나.

나는 온 몸에 풋내를 띠고
푸른 웃음 푸른 설움이 어우러진 사이로
다리를 절며 하루를 걷는다. 아마도 봄 신령이 지폈나 보다.

그러나 지금은 들을 빼앗겨 봄조차 빼앗기겠네.

8 교남 기독청년회

찌는 듯한 더위가 계속되던 한 여름, 컴컴한 감옥에도 햇살이 조금씩 스며들고 있었다.

"자, 출옥이다!"

간수의 명령이 떨어지고 감옥 문이 덜커덩 열렸다. 고통스러웠던 감옥생활을 끝내고 백남채가 고향으로 돌아 온 것은 1920년 7월이었다. 바짝 여윈 그의 어깨 위로 따가운 햇살이 쏟아졌다. 여름 햇살은 여전히 눈이 부시도록 밝았지만, 하루가 천 년 같은 세월이었다. 그가 감옥에 있는 동안 달라진 것은 세월만이 아니었다. 일제는 조선의 통치방법을 소위 무단(武斷)에서 문화로 바꾸었다. 전국 만세운동이 가져온 여파가 그만큼 컸던 것이다. 그러나 만세운동으로 치룬 수많은 희생에 비한다면 너무나 석연찮은 결과였다. 기껏 신문잡지의 발간과 학교설립, 그리고 집회결사가 좀 더 수월하게 허락되는 정도였다. 불가피한 관제개혁에 불과했던 것이다. 이미 1916년 달성공원 안에 슬그머니 세워두었던 대구신사(大邱神社)를 중심으로 그들은 천황제 이데올로기의 주입을 강화하기 시작한 것이다. 그 안에는 일본 건국신화의 주신인 아마데라스 오미가미(天照大神)와 메이지천황이 모셔져 있었다. 그곳에 학생들과 종교인들을 동원하여 강제로 숭배하도록 했다. 그것은 겉으로 내세운 통치방법의 변화가 그저 눈가림에 불과했음을 단적으로 말해주는 것이었다.

"통치방법이 바뀌었다 한들 무엇이 달라진단 말인가. 업어치나 메어치나 매한가지지. 결국에는 민중들을 적당히 구슬려 저희들 편으로 만들겠다는 거지, 그래서 아예 독립 따위는 꿈꾸지도 못하게 하겠다는 속셈이란 그 말이지. 참으로 교활한 술책이야."

속이 뻔히 들여다보이는 그 술책에 백남채는 속으로 분통을 터뜨렸다. 한국인들을 관리로 등용하기도 하는 등 형식적으로는 평등원칙을 실현하는 듯 했다. 하지만 그것도 물리적 강제력을 동원한 통치가 실패하자 궁색한 속임수에 지나지 않았다. 정신적 세뇌를 통해 한국인의 민족적 정체성을 약화시키고 독

1916년에 설립된 **대구 신사**(神社)

립의지를 꺾고자 하는 속셈이었다. 종교 문제에 있어서도 마찬가지였다. 종교지도자들을 사회지도층으로 활용하여 식민지 지배체제 안으로 편입시키기 시작했다. 그것도 3.1 만세운동과 같은 종교의 정치화를 미리 차단하고 민족독립의 요구를 좌절시키고자 하는 속임수일 뿐이었던 것이다.

그러나 한편으로는 큰 짐을 내려놓은 듯 홀가분했다. 의도가 명백히 드러나는 술책이어서 동지들이나 백남채 자신도 움직이기가 한결 수월해졌기 때문이었다. 즉 일제의 문화통치 덕분에 만세운동의 주역들이 다시 모여 무슨 일이든 꾸며볼 수 있을 것이라고 생각한 것이다. 그의 뇌리 속에는 여전히 10년 전 계성학교에서 우연히 발견한 아담스 관의 모퉁이 돌이 생생하게 남아있었다. 대구읍성이 무너지면서 무심코 버려진 돌을 모퉁이 돌로 삼아 기독교 교육이라는 새로운 역사 창조를 직접 목격했던 그였다. 그리고 자신도 그런 한 장의 벽돌이 되어 이 민족의 미래를 위해 모퉁이 돌이 되겠다고 몇 번이나 다짐했었다. 모퉁이 돌의 위력이란 자신보다 몇 갑절이나 되는 벽돌들의 무게를 지탱해주며 건축물의 골격을 만들어내는 데 있다. 그러나 튼튼한 모퉁이 돌이어야 할 이만집 목사와 정재순 목사, 그리고 김태련 조사가 출옥하려면 아직 한참이나 남아 있었다. 만세사건이 터지기 전만 해도 대구지역에 그런

훌륭한 모퉁이 돌이 될 만한 벽돌들은 많았다. '교남기독청년회'를 중심으로 당시 대구 교계의 지도적 인물들이 버티고 있었다. 뿐만 아니라 '교남기독청년회'는 각 교회에서 가입한 회원까지 합하면 수백 명에 달했던 대규모 단체였다. 비록 3·8 만세사건으로 그들은 대부분 투옥되거나 흩어지고 말았지만, 백남채는 이 단체를 재건하여 청년들에게 애족(愛族)하는 방법을 가르치는 것만이 이 민족의 살길이라고 생각했다.

"그렇다. 감나무에서 감이 떨어지도록 앉아서 기다릴 것만 아니라 우선 작은 벽돌이라도 찍어내어 튼튼한 모퉁이 돌이 될 수 있도록 다듬자!"

백남채는 동지들이 출옥할 때를 대비해서 조직을 정비하고 재정을 차근차근 준비해나갔다. 드디어 1921년 봄, 이만집 목사와 김태련 조사가 출옥했다. 그리고 그해 12월 2일, 교남기독교청년회, 즉 YMCA가 다시 결성되었다. '교남'(嶠南)이란 '영남'(嶺南)의 다른 표현으로 험준한 산이 있는 남쪽지방이라는 뜻이었다. '교남기독교청년회'의 발회식은 조선기독청년연합회 회장인 월남 이상재(1850-1927) 선생을 비롯한 전국의 기독교계 지도자들이 모인 가운데 대구 제일교회에서 거행되었다. 이상재 선생은 서재필과 함께 독립협회를 창립하고 만국공동의회를 개최한 분이었다. 그는 일흔의 나이에도 불구하고 위엄이 있는 카랑카랑한 목소리로 축사를 했다.

"안녕하세요, 청년 이상재입니다."

백발의 노인이 하얀 한복을 입고 나와 자신을 '청년'이라고 소개하니 사람들은 자신의 귀를 의심했다.

"내가 조선기독청년연합회 회장이니 나는 청년이올시다."

우스개 소리로 좌중을 사로잡은 그의 연설은 마치 청산유수와도 같았다.

"금일 청년은 금은옥조(金銀玉條) 이상의 가치와 비기잠항(飛機潛航) 이상의 권위를 가진 자인즉 원컨대 제군은 자중하며 분투하여 앞으로 세계적 청년이 되길 희망합니다."

'청년의 필요'라는 제목의 축사였다. 오늘날 청년은 금은 보다 더 귀한 가치를 가졌고 비행기나 잠수함 이상의 힘을 가진 자이므로 스스로 노력하여 세계적인 청년이 되기를 원한다는 뜻이었다. 사람들이 숨소리조차 멈춘 채 그의 연설에 귀를 기울이고 있던 그 때였다. 강연을 하다 말고 이상재 선생이 문득 청중석의 한 쪽 구석을 내려다보더니 말을 이었다.

"허허. 이곳 강당에도 개~나리꽃이 피었구나."

이상재 선생이 청중석에 끼어있던 형사들을 발견한 것이었다. 무안해진 형사들은 모자를 푹 눌러쓰고 자리를 떴고, 어리둥절해하며 뒤늦게 그의 말뜻을 깨달은 청중들은 곧 웃음바다

월남 이상재 선생

를 이루었다. 사람들은 형사들 앞에서는 그 위세에 눌려 '형사나리'라며 굽신거리고, 기껏해야 숨어서 '개'라고 욕을 할 수밖에 없던 시대였던 것이다. 강연은 대성공이었다. 그 자리에 모인 사람들은 크게 감동하였고, 박수 소리는 그칠 줄 몰랐다. 이 발회식에서 백남채는 교육부장을 맡았고, 이만집 목사는 회장을, 김태련 조사는 총무를 맡았다. 이렇게 기독교청년회가 재조직되자, 교육부장을 맡은 백남채는 다양한 강연회를 준비했다. 그것이 민족 의식개혁에 중요한 도구였기 때문이었다.

다음 해 6월, 서울 기독신문사 오응천 주필을 강사로 초대했다. '물구사리(勿求私利)', 즉 사사로운 이익을 구하지 말라는 제목의 강연이었다. 힘없는 민족이 살아남을 수 있는 방법은 서로가 가진 힘을 합해야 한다는 내용이었다. 날이 갈수록 자기만의 이익을 챙기는 이기주의에 대한 경고였다. 그의 열변에 많은 사람들이 우레와 같은 박수를 보냈다. 그런가 하면 9월 21일에는 미국 YMCA국제위원회의 부총무인 셜우드 에디(Sherwood Eddy)도 강사로 초청하였다.

"인간의 죄는 궁극적으로 개인에게 근거하고 있습니다. 그러나 죄를 짓도록 부추기는 것은 사회제도입니다. 그러므로 우리는 사회질서에 대한 보다 높은 신앙의식을 가질 필요가 있습니다.”

에디의 연설을 듣던 사람들은 모두 놀라 입을 다물지 못했다. 예전에 들어보지 못했던 전통 기독교와 다른 해석과 이론이었다. 당시 미국의 신학계를 휩쓸 만큼 센세이션을 일으키고 있었던 라우센부쉬(Walter Rauschenbusch; 1961-1918)의 사회윤리 신학 이론을 바탕으로 한 것이었다. 서울보다 앞서 대구에서 먼저 개최된 이 강연회는 청년들에게 큰 반향을 일으켰다. 대구의 청년들이 다른 지역의 청년들보다 사회적 책임의식이 앞서나가기를 염원했던 백남채에게 그것은 큰 보람이자 수확이었다.

그 즈음 교남기독교청년회에서는 청년들의 각성을 위한 웅변대회와 토론회도 개최했다. 그것은 백남채가 가장 의미를 두고 추진한 사업으로, 그가 계성학교 교사 시절에 학생들을 가르칠 때 애용했던 방법이기도 했다. 토론회는 두 명의 청년이 짝을 이루어 한 가지 주제에 대해 각각 자신들의 주장을 펼치는 방식으로 진행되었다. 아직 토론문화가 정착되지는 않았지만 나름대로 자신의 생각을 펼치기 좋아하는 청년들로부터 이 토론방식은 큰 지지를 얻었다. 그 덕에 토론회는 매우 인기가 있었다.

“우리가 오늘 일제의 종살이를 하게 된 것은 기술이 없고

돈이 없어 스스로 생존할 힘을 잃었기 때문입니다. 일찌감치 산업화를 이루어 부를 축적했더라면 이런 꼴은 당하지 않았을 겁니다!"

"그것은 모르는 말씀입니다. 돈보다 실력을 갖추지 못했기 때문입니다. 세상이 어떻게 돌아가는지도 모르고 밤낮 집안싸움으로 세월을 보낸 탓입니다. 지금이라도 교육에 힘을 쏟아야 독립을 이룰 수 있습니다!"

1922년 11월의 어느 날 저녁, **YMCA**회관에서 '조선의 장래는 교육이냐, 실업이냐?'라는 주제로 열린 토론회는 그 열기가 매우 뜨거웠다. 실업이라는 주장을 펼치는 조와 교육이라는 주장을 펼치는 조가 설전을 벌이고 있었다. 때로는 서로 얼굴을 붉히기도 했다. 그만큼 현실에 대한 청년들의 의식이 강했고, 그 해답을 얻기 위한 갈증이 컸던 것이다.

'과연 어느 것이 더 중요한가?'

사실 그것은 토론의 주제로서도 중요했지만, 당시의 시대적 고민이요 과제이기도 했다. 재정이 확보되지 않는다면 무엇으로 독립투쟁을 한단 말인가? 아니, 그보다 먹고 사는 일이 해결되지 않으면 도대체 인간이 할 수 있는 일이란 무엇이란 말인가? 동시에 교육으로 인재를 육성하지 않는다면 나라의 미래가 보장될 수 없다는 것도 분명했다. 사람이 동물이 아닌 이상 교육을 통한 자기 가치가 확보되지 않는다면 배부른 게 무슨 소용이란 말인가? 백남채 자신도 쉽게 판단을 내릴 수 없는 문제였다. 그러나 새로운 역사를 쌓아 올리기 위해서는 벽돌을 준비해야 한다는 백남채의 각오는 더욱 확고해졌다. 사실 지금 이 상황에서 재정적인 문제가 해결되지 않으면 독립을 위해 사람들이 현실적으로 할 수 있는 일이란 아무 것도 없었던 것이다.

일제의 침략은 정치적으로 혹은 문화적으로만 이루어진 게 아니었다. 그들은 경제적인 수탈을 위한 기반도 마련하기 시작했다. 특히 산업촉진 정책을 통해 도모한 식민지 안정화 정책은 근대화라는 미명하에 구체적인 모습으로 나타났다. 1920년대 후반부터 금융기관과 병원, 행정기관과 각종 공공기관, 학교, 산업체 등 여러 서양식 건축물들이 곳곳에 들어서기 시작했던 것이다. 그러나 대구의 건축업계는 이를 감당할 수가 없었다. 대부분의 기술자들이나 자재들이 일본이나 중국, 혹은 부산이나 인천에서 수입되었기 때문이었다. 백남채가 종업원 30여명 규모의 조선연와회사(朝鮮煉瓦會社)라는 벽돌공장을 설립한 것은 바로 이 때였다. 벽돌사업! 이것이야말로 백남채가 평생을 꿈꿔오던 일이었다. 자신의 손으로 만들어 낸 붉은 벽돌들이 대구를 일으켜 세우는 건축물의 머릿돌로 하나씩 박힐 때마다 백남채는 벅찬 감동을 감출 수가 없었다. 당시 대구에는 형무소 죄수들이 만들어내는 소규모 벽돌공장 밖에 없었으니 백남채의 벽돌사업은 번창할 수밖에 없었다.[6] YMCA 운동, 교회운영, 그리고 다양한 사회사업이 절실하게 필요했던 그 때, 재정확보의 중요성을 누구보다도 먼저 깨달은 백남채는 이렇게 준비를 했던 것이다. 사업가로서의 안목과 애국심, 그리고 기초를 튼튼히 여기는 그의 지도자적 자질로 말미암아 백남채는 이미 많은 사람들로부터 인정을 받고 있었고, 그 때부터 실질적인 대구의 청년 지도자로서 두각을 나타내기 시작했다.

6) 한성은행, 조선은행, 산업은행, 동양척식주식회사 등의 금융기관, 대구공립보통학교, 대구상고, 대구사범학교, 대구의학전문학교, 계성학교, 대구공립여자고등학교, 제일중학교, 성서학원 등 교육기관, 도립병원, 동산병원, 성요셉의료원 등의 의료기관, 미니까이 백화점, 미루보시 운송회사, 와카마스상회, 이비시아 백화점 등의 산업체, 구세군제일교회, 남산교회, 수녀원, 제일교회 등 종교기관, 대구복심법원, 대구경찰서, 공회당 등의 행정기관이 이 무렵에 건립되어 벽돌의 수요가 폭발적으로 증가했다.

9 조선의 빛, 조양(朝陽)

"지금이라도 늦지 않았으니 교육에 힘쓰고 미래를 준비하도록 합시다."

"그러기에는 시간이 없습니다. 무력으로 저들을 내쫓지 않으면 우리는 영원히 나라를 찾을 수가 없습니다."

1919년 만세사건 이후 독립운동의 성격은 크게 두 가지로 나누어졌다. 실력양성을 우선시하던 쪽에서는 교육에 힘쓰고 체제가 정비될 때까지 기다리자는 타협적 민족주의를 주장했고, 즉각적인 독립을 외치며 무력이라도 불사하자는 쪽에서는 강경한 비타협적 민족주의를 주장했다. 백남채는 온건한 입장으로 독립을 준비하자는 타협적 민족주의를 선택하여 그 길로 나아갔다. 서상일(徐相日; 1886-1962)을 비롯한 대구의 유지들과 가깝게 지내게 된 것도 그런 연유였다. 이들은 대구구락부(大邱俱樂部)라는 이름의 친목단체를 만들었다. 그러나 단순한 친목단체로 남아있지는 않았다. 청년들의 계몽과 민족사상을 심어주는 일에 크게 힘을 쏟았다. 서양식 교육회관을 건립하기로 한 것도 그런 목적이었다. 당시로서는 거금이 드는 큰 공사였지만 구락부 회원들은 오직 애족애국의 마음으로 일정 액씩 공사비를 부담했다. 설계는 건축업을 하던 윤학기가 맡았고, 건물을 지을 땅은 서상일이 희사했다. 달성공원 앞에 있던 땅 오백 평이었다. 거기다 서상일은 부족한 건축비를 충당하기 위해 성주에 있던 논과 대명동의 땅까지 팔았다. 그는 이미 항일을 위해 대동청년단을 조직한 적도 있었고, 경술국치 때에는 '9인결사대'를 조직하여 각국 공사에 선언문을 돌린 후 자결을 계획하기도 했던 인물이었다.

백남채는 이 건축을 위해 벽돌을 기증했다. 어차피 세상의 모퉁이 돌이 되기 위해 시작한 벽돌 사업이 아니었던가. 그는 기술자와 인부들을 수소문하여 모았고, 건축의 감독까지 직접 맡았다. 중국에 유학을 다녀온 백남채는 중국 인부들과 의사소통이 가능했고, 그들의 정서나 문화를 다른 사람들보다는 잘 이해했다. 그 덕택에 당시 대구경북의 최대 공사였던 교육회관 건립은 일제가 못마땅한 눈길을 보내는 가운데서도 순조

롭게 진행될 수 있었다. 마루판이나 창틀에 쓰인 목재는 압록강 근처의 낙엽송을 가져다 썼다. 낙엽송은 쉽게 상하거나 변형되지 않는 목재여서 80년이 지난 지금까지도 그 형태를 유지하고 있다. 우리 민족의 미래를 위해 건립하는 회관이니 목재 하나라도 좋은 것을 쓰겠다는 욕심이었다. 지하 1층, 지상 2층의 전체면적 580㎡ 건물로 총 건축비 4만 3080원 50전이 들어간 대역사였다. 1922년 4월에 착공된 교육회관은 10월 30일 서상일이 수많은 구경꾼들 앞에서 마지막 기왓장을 올림으로써 7개월 만에 완공이 되었다.

"조선의 빛이 되라는 뜻으로 조양(朝陽)회관이라는 이름을 올립니다."

서상일의 선언에 사람들은 박수를 치며 감격스러워했다.

"대단히 감사합니다. 오로지 서 선생님과 윤 선생님의 희생과 헌신 덕택입니다."

백남채는 서상일과 윤학기가 내민 손을 마주 잡은 채 그들에게 공을 돌렸다.

"천만의 말씀입니다. 백 선생님의 노고가 없었더라면 어찌 가능했겠습니까?"

그들은 서로를 위로하며 진심으로 기뻐했다. 이 건물에는 100여명을 수용할 수 있는 대강당을 비롯하여 회의실과 사무실이 있었고, 인쇄공장, 대구구락부, 대구운동협회, 대구여자

청년회, 동아일보지국 등이 입주했다. 그리고 여기서는 시국강연, 국산품애용, 상공업 진흥 등에 대한 강연회가 개최되었고 야간에는 청소년들을 대상으로 야학이 열렸으며, 『농촌(農村)』이라는 잡지도 발간되었다. 조양회관은 순수한 민족자본과 기술로 지어져 민중계몽운동의 진원지였고, 독립운동의 산실로 민족의 수난사와 함께 한 역사적 건물이 된 것이다.

백남채가 교육의 목적으로 조양회관을 건립하는 일에 참여하게 된 것은 독립을 위해서는 실력양성이 우선이라고 믿은 그의 신념 때문이었다. 1926년 대구 희원학교(喜媛學校)와 순도학교(順道學校)가 병합되어 희도보통학교(喜道普通學校)가 설립될 때 자금을 지원하여 이사장에 취임했던 것도 그런 신념 때문이었다.[7] 교육에 대한 그의 애착은 누구보다도 강하여 그 후 여러 해 동안 대구학교평의회 의원을 역임하기도 했다. 사실 학교평의회는 일제가 조선인 교육에 관한 경비 마련을 위해 설치한 것이었다. 그것은 식민지 교육정책을 원활히 수

---

7) 사실 희원과 순도 학교는 안의와와 부해리 선교사가 1900년과 1902년에 각각 대남소학교와 신명소학교라는 이름으로 제일교회 구내에 설립한 대구시내 최초의 사립초등학교를 그 뿌리로 한다. 1914년 제일교회 박순도, 서희원 두 교인이 남자학교인 대남, 여자학교인 신명 두 학교의 발전을 위해 각각 400원과 300원의 거금을 기부하였고, 교회는 이 두 분의 뜻을 오래 남기기 위해서 이 분들의 이름을 따서 대남을 희원으로, 신명은 순도로 각각 교명을 바꾸었던 것이다. 희도보통학교는 1955년에 다시 종로초등학교로 이름을 바꾸었다.

대구 달성공원에 1922년 지어졌던 **조양회관**이 1987년에
대구 동구 효목동 망원공원으로 이전 복원되었다.

행하는 수단으로 이용한 기구였지만, 백남채는 그럼에도 불구하고 이러한 타협적 민족주의야말로 가장 현실적인 생존의 방법이라고 생각을 했던 것이다.

타협적 민족주의를 지향함으로써 백남채의 독립운동은 소극적이 될 수밖에 없었다. 일제가 지향하는 기존 체제에 어느 정도 협조하지 않으면 사업을 한다는 것 자체가 불가능했기 때문이었다. 백남채의 이런 태도는 급진적인 행동파들이 보았을 때는 변절일 수 있었다. 하지만 백남채는 우선 교육을 통한 실력과 경제력을 갖추어야 한다는 생각이었다. 그것이 서슬퍼런 일제로부터 살아남는 방법이었다. 사실 당시에는 독립운동가들의 활동도 눈에 띄게 저하되어 있었다. 일제가 철두철미하게 독립군 소탕작전을 벌인 탓이었다. 그런데다가 벌써 30년 가까운 식민지 생활에 길들여진 나머지 일제에 대항하기보다는 순응하며 살기를 바라는 사람들이 대부분이었다. 뿐만 아니라 한일합방 이후에 태어난 사람들은 조선의 역사마저도 제대로 알지 못했다. 일제가 우리의 역사를 왜곡한 탓이기도 했지만 긴 식민지 생활이 가져온 공백기가 우리민족의 의식마저 바꾸어놓고 있었던 것이다. 1927년 2월 민족주의 진영과 사회주의 진영이 제휴하여 신간회(新幹會)가 창립되었을 때 백남채는 자금만 지원을 하고 직접적인 참여를 하지 않았다.

그 대신 대구상업회의소의 의원으로 활동하며, 대구상공업계의 행정에 가담하기도 하는 등 경제 활동에는 적극적으로 참여를 했다. 애국상회(愛國常會)를 조직해 여러 행사를 치루며 주로 일본인 강사를 내세워 친일을 조장하는 연설을 하도록 한 것도 이 때였다. 1936년에는 조선연와회사를 모체로 하여 대구요업주식회사(大邱窯業株式會社)를 설립하고 대표이사로 취임했다. 자본금 오만 원으로 시작한 회사였지만 이 회사의 이사와 감사는 일본인들로 채웠다. 임원단을 이렇게 구성한 데는 당시 일제가 조선인의 회사운영을 탐탁해하지 않았고, 또한 일본인과 동업의 형태를 취해야만 행정적으로 훨씬 수월했기 때문이었다.

일제가 백남채를 남산정 제2구의 총대(總代)자리에 앉혔을 때도 백남채는 거부하지 않았다. 총대란 일제의 말단 관리에 해당하는 직책이지만, 그 직책을 맡는 것이 미래의 민족 독립을 위한 준비라고 생각을 했다. 그러나 자괴감 또한 적지 않았다.

"독립운동을 하다가 옥고를 치루고, 상해임시정부에 독립군자금까지 대주던 내가 일제가 명한 총대직을 맡게 되다니…."

그는 뜻 모를 미소만 지었다. 그 즈음, 일제의 민족말살정책은 더욱 악랄해져갔다. 모든 한국인들에게 황국신민으로 천황에게 충성으로써 보답하겠다는 맹세를 하게 했다. 그 외에도 일본어를 일상어로 쓰도록 하고 신사참배도 강요했다. 1937년에는 중일전쟁을 일으키더니 전시체제라는 이유로 조선의 물자도 일본으로 가져갔다. 아예 내놓고 벌이는 강도짓이었다. 때문에 우리 민족의 삶은 곤궁하기 이를 데 없었다. 보릿고개에는 먹을 것이 없어 나무의 속껍질이나 풀로 연명해야 하는 것이 현실이었다. 1938년에는 '기독교대구연합회'라는 노골적인 일제의 어용단체가 만들어졌다. 이 단체의 위원장은 일본인이었고 다른 임원들은 모두 일본인과 한국인이 공동으로 맡았다. 그런데 재무위원으로는 백남채가 선출되었다. 백남채는 쓴 입맛을 다셨다. 가능하다면 그 자리에 앉고 싶지 않았다. 그래서 몸이 아프다는 핑계를 대보는 건 어떨까, 하고 생각해봤다. 하지만 백남채는 곧 머리를 흔들었다. 멀쩡하던 사람이 갑자기 아프다고 했다간 무슨 오해를 살지 모를 일이었다. 독립운동에 가담했다는 이유로 가뜩이나 일제의 곱지 않은 시선을 받아오던 터였다.

"재무위원으로서의 자질이 부족하다고 하면 어떨까?"

하지만 백남채는 명색이 대구요업주식회사의 대표였다. 그런 사람이 자질 운운하며 재무위원 자리를 맡지 않겠다는 건 말도 되지 않는 소리였다.

"그 자리를 맡지 않을 뭔가 뾰족한 방도가 없을까?"

여러 날이나 이런저런 궁리를 해보았지만 별다른 묘책이 없었다. 게다가 일제의 비위를 자칫 잘못 거슬렀다가는 회사마저 빼앗길 수 있다는 위기감이 들었다. 백남채에게는 자신을 믿고 일하는 수많은 종업원들이 있었다. 그들을 길거리에 나앉게 할 수는 없는 일이었다.

백남채의 고민은 결국 망설임으로 끝나고 말았다. 그러나 한 번 들여놓은 발은 다시 빼내기가 어려운 법. 이 연합회는 황국신민으로서 충성할 것을 다짐했고, 각 교회마다 찾아다니며 일본의 4대 명절을 지키라고 독려하기도 했다.[8] 그들의 기념일을 받아들인다는 것은 우리 민족으로서는 참으로 치욕이 아닐 수 없었다. 윤봉길 의사는 오히려 천황의 생일인 천장절에 맞추어 1932년 4월 29일에 상해폭탄투척 사건을 일으켜 민족의 울분을 표시하지 않았던가? 일본은 우상숭배가 아니라 국가의식이라며 신사참배마저도 강요했다. 이 연합회는 기독교인들을 일본천황의 충실한 일꾼으로 부리겠다는 목적으로 결성된 게 틀림없었다. 급기야는 아래와 같은 선언문을 발표

8) 신년(新年), 기원절(紀元節), 천장절(天長節), 그리고 명치절(明治節)기원절이 4대 명절이다. 기원절은 2월 11일로 일본서기의 기록에 따라 신무천황이 즉위했다고 믿는 일본의 건국기념일이었다. 천장절은 당시 쇼오와 천황의 생일인 4월 29일이었다. 명치절은 메이지천황의 생일인 11월 3일이었다.

하기에 이르렀던 것이다.

> 현재 우리 시국의 중대성에 감하여 국시를 체득하고 국민정신의 진작을 도모하는 것은 가장 긴급한 일임을 인식하고 이에 조선에 있는 기독자는 단결 협력하여 동포의 정신작흥에 도움을 줄 수 있도록 하고 일층 전도에 정진하여 이로서 황국신민으로서 보국의 충성을 다하기를 기하고자 선언함.

진퇴양난(進退兩難)! 돌이켜보면 가슴 아프고 부끄러운 일이었다. 그러나 내 나라를 잃은 백성이 무슨 힘이 있어 그들의 강제에 대항하겠는가.

10 해방과 혼돈

히로시마와 나가사키에 원자폭탄이 떨어졌다. 원자폭탄의 위력은 상상했던 것보다도 훨씬 컸고, 그 위력에 일제는 연합군에게 무조건 항복을 선언했다. 1945년 8월이었다. 일본천황의 항복 방송에 귀를 기우리고 있던 시민들은 와, 하는 함성과 함께 일제히 거리로 쏟아져 나왔다.

"해방이다, 해방! 드디어 대한민국이 독립을 하게 되었다."

이보다 더 기쁠 수가 있을까? 사람들은 손에 태극기를 들고 뛰기 시작했다. 감격에 겨워 애국가를 '올드랭 사인'이라는 서양음악에 맞춰 부르는 이들도 있었다. 만세를 부르며 환호하는 그들 사이에 우두커니 선 백남채의 눈에서는 눈물이 저절로 흘러내렸다.

"드디어 해방이다, 해방. 일제치하 36년의 세월이 오늘로 종식하게 되었어!"

목이 맨 백남채는 꿀꺽 마른침을 삼켰다. 가슴이 심하게 두근거려왔다. 내 나라를 빼앗기고 살아온 세월들이, 아니 해방이라는 이 순간이 꿈만 같았다.

"꿈이라면 제발 깨어나지 말게."

오랫동안 꿈꾸어오던 해방이었지만, 막상 현실로 이루어지니 그저 어리벙벙하기만 할 뿐 좀체 믿어지지가 않았다. 다음 날, 대구 형무소에서 옥고를 치르고 있던 독립 운동가들이 석방되었다. 예비검속에 걸려 대구경찰서 유치장에 갇혔다가 풀려난 애국지사들을 위한 가두 환영식이 반월당 네거리에서 벌어질 때에야 백남채는 해방을 실감했다.

오랫동안 굳어있던 백남채의 의식도 서서히 깨어나기 시작했다. 해방이 된 것은 기쁜 일임에 틀림없었지만, 우리 스스로의 힘이 아닌 외세에 의해 갑자기 맞게 되었다. 앞으로의 일이 걱정이 아닐 수가 없었다. 또한 아무런 준비도 없이 맞은 해방이다 보니 치안은 엉망이었고, 사람들은 고삐 풀린 망아지처럼 우왕좌왕하기만 할 뿐 무엇부터 해야 할지를 몰랐다. 이런 혼란을 틈 타 3·8선을 경계로 북에는 소련군이, 남에는 미군이 진주했다. 겨우 해방이 되었나 싶었는데, 또 다시 나라의 운명은 외세의 손아귀에 놓이게 된 것이다. 맥이 풀렸다. 그러나 맥없이 앉아만 있기에는 당장 대구의 해방 정국이 걱정이었다.

"우리도 건국준비위원회를 조직해야 하지 않겠습니까?

"맞습니다. 이대로는 안됩니다. 이번에 제대로 준비를 못한다면 우리는 또 한 번 비극을 맞게 될 것입니다."

대구의 지도자 위치에 있는 인물들이 조양회관에 모여 나라의 앞날을 걱정하고 있던 무렵, 좌익성향의 인사들이 먼저 '건국준비위원회 경북지부'를 조직하고 나섰다. 그러자 우익계열에서도 질 수 없다는 듯이 즉각 '건국준비위원 경북치안유지회'를 결성했다. 이렇게 되자 이 두 단체의 회원들은 서로 해방 공간의 주도권을 잡겠다며 다투기 시작했다. 사실 조직이 아니라면 모두가 고향의 선후배들이거나 이웃인 사람들이었다. 그런 사람들이 조직의 힘에 기대 서로 앙숙이 되었으니 나라꼴이 제대로 될 리 없었다. 치안과 민생 보다 주도권을 누가 쥐느냐가 더 큰 관심사였다. 원로 독립운동가 심산(心山) 김창숙(金昌淑; 1879-1962) 선생이 이 두 진영의 중재에 나선 것은 바로 그 때였다. 김창숙 선생은 전통적인 유학자의 후손이었지만 매우 진보적이고 혁신적인 생각을 가진 사람이었다. 3.1운동 때 33인의 민족대표에 유림 대표가 빠진 것을 통분하고, 영남 및 충청도의 유림 137명의 연명으로 한국독립을 호소하는 진정서를 작성하여 프랑스 파리에서 열리는 만국평화회의에 제출한, 이른바 파리장서(巴里長書) 사건의 주모자였다. 그 후 일본경찰에 수차례나 붙잡혀 혹독한 고문을 받은 끝에 결국은 앉은뱅이가 되어서야 석방이 되었다. 혼돈의 시대에 일관되게 자신의 주장을 떳떳이 펴 왔던 것이다.

“자네들의 우국충정으로 우선 치안부터 바로 세워야 할 게 아닌가. 민생도 보살펴야 하고. 나머지 일은 그 다음에 해도 늦지 않네. 그러니 우선 힘을 하나로 모으게.”

김창숙 선생의 한마디는 힘이 있었다. 이렇게 해서 두 단체는 ‘건국준비 경북치안유지회’로 통합되었다. 통합된 단체의 위원장으로는 김관제가, 부위원장에는 백남채가 선출되었다. 김창숙 선생은 일찌감치 백남채의 능력을 눈여겨 봐 두었던 것이다. 대구를 대표하는 정치인물로 떠오르게 된 백남채의 어깨는 무거웠다. 해야 할 일도 태산이었다.

그러나 대구에 진주한 미군은 남은 일본군을 몰아내더니 관공서부터 접수했다. 그리고 먼저 행정체제를 개편한 뒤, ‘건국준비 경북치안유지회’를 해체시켰다. 생각지도 못했던 미군정이었지만, 그들은 다시 백남채에게 내무부장을 맡겼다. 그들이 먼저 뽑은 내무부장은 친일행적이 드러나 취임한지 두 달여 만에 교체되었기 때문이었다. 그해 12월, 모스크바의 삼상회의에서 미국, 영국, 소련 등 강대국들이 우리나라를 신탁통치하

심산 김창숙

기로 했다는 소식이 전해졌다. 게다가 조선의 임시정부수립을 돕겠다며 미 · 소 공동위원회까지 구성되었다고 했다. 그 소식에 백남채는 분통부터 터뜨렸다. 미소 두 강대국은 조선의 통일정부 수립보다는 한반도 내에 자국의 이익에 부합하는 정부를 수립하는 것에만 관심이 있는 게 뻔했기 때문이었다. 있을 수 없는 일이었다. 다음 해 1월 2일, 대구의 일백 여개의 단체와 시민들이 학생들과 함께 태극기를 흔들며 '신탁통치 절대 반대!'를 외쳤다. 대구의 8개 교회도 즉각 신탁통치를 반대하는 단식기도에 들어갔다.

"수난의 십자가로 걸어온 조선에 독립을 주소서. 어느 나라에도 붙이게 하지 마시고 평화스런 독립을 주소서. 이 나라에 낀 먹구름을 거두어 주소서."

이들의 기도소리가 커져갈 즈음, 좌익계열에서는 신탁을 지지한다는 주장이 나오기 시작했다. 난데없는 소리였다.

"좌우익이 힘을 합쳐 나라를 바로 세워도 시원찮을 판에 분열되다니……."

설상가상(雪上加霜)이라고 했던가? 대구에서는 쌀값이 나날이 치솟아 올랐다. 농민들은 미군정의 수매에 응하기보다는 한 푼이라도 더 받을 수 있는 길을 찾았다. 일 년 내내 고생한 농부들로서는 당연한 일이었다. 쌀의 출하량은 감소하고 유통량마저 줄게 되니, 당장 쌀시장에서 암거래가 일어났다. 쌀 한

말에 공정가격의 세 배를 준다고 해도 구하기가 어려웠다. 그 바람에 학교 기숙사는 문을 닫았고, 대구 시내 초등학교 학생 가운데 삼분의 이 이상이 점심 도시락을 싸오지 못했다. 모두 치솟는 쌀값과 물가 때문이었다.

"부장님, 아침도 죽으로 때운 아이들이 많고 점심은 아예 거의가 다 굶는다고 합니다. 게다가 민심까지 들끓고 있으니 어찌하면 좋겠습니까?"

내무과장의 보고에 백남채는 한숨을 내쉬었다. 생활고에 시달리다 못해 자살하는 사람이 늘어가고 있었다. 그들은 나약했다. 그러나 그들을 나무라기엔 시국이 서민들의 목을 너무 조아댔다. 이러다간 폭동이 일어날 지도 모를 일이었다. 불안한 시국은 결국 백성들의 입에서 타령이 되어 흘러나왔다.

> 하루 종일 정거장, 흐지부지 우편국, 먹자판의 재판소, 깜깜절벽 전기회사, 종이쪽지 세무서, 가져놔라 면사무소, 텅텅 볐다 배급소, 고드름 장작 때고 냉수 먹세.

열차는 늦게 출발하고 늦게 도착하기가 예사였으며, 우편물은 분실되거나 배달이 지연되었다. 또 법조계는 돈만 있으면 해결된다는 유전무죄(有錢無罪) 현상이 두드러졌고, 전기는 단전되기 일쑤였다. 세무서는 비리가 만발했고, 면사무소에서는 수매와 부역을 핑계로 오라, 가라 제멋대로였다. 그런데다 가 쌀 배급은 허울뿐이어서 민심은 이래저래 멍이 들어 있었 다. 민중들은 이 풍자에 공감했고, 아이들까지 이런 신세 한탄 을 동요처럼 읊어댔다.

"하루 종일 정거장, 흐지부지 우편국……."

1946년 여름, 대구경북에는 돌림병마저 찾아왔다. 콜레라였 다. 위생관념이 없는데다 의약품까지 귀했던 당시, 콜레라는 무서운 전염병이었다. 사람들은 공포에 떨었다. 위생국에서 환 자를 격리수용하겠다는 조치가 화근이었다. 사실 위생국에서 는 콜레라의 확산을 막기 위해 내린 조치였지만, 병에 무지했 던 당시 사람들은 이 조치가 곧 환자의 사망처리라고 생각했 다. 그래서 환자가 발생해도 당국에 신고하기는커녕 쉬쉬하기 바빴고, 그 바람에 콜레라의 전염속도는 더 빨라져갔다. 이렇 게 되자 미군정에서는 교통마저 차단했다. 콜레라의 전염을 막기 위해서였다. 하지만 교통차단은 물자공급에 커다란 차질 을 가져왔다. 생필품 값은 폭등했고, 생활이 어려워진 서민들 은 굶어 죽든, 병들어 죽든, 죽기는 마찬가지라며 들고 일어났 다. 경찰이 진압에 나섰지만 이판사판에 이른 민중들을 진정 시킬 수는 없었다. 노동자들까지 잇달아 파업을 선언했다. 군 중들은 대구부청과 도청으로 몰려갔다.

"쌀을 달라! 쌀을 달라!"

어린아이들까지 그들 틈에서 구호를 외쳐댔다. 10·1사태의 시작이었다.

"이 일을 어찌해야 한단 말인가."

군중은 이미 이성을 잃고 있었다. 그런 그들을 섣불리 진압했다간 일을 더 키울 수 있었다. 그렇다고 진압을 늦출 수도 없었다. 진퇴양난이었다. 백남채는 책임자로서 어떠한 결정이든 내리지 않으면 아니 되었다.

"저들은 다만 쌀을 달라는 것뿐이다. 그러니 군중을 해산시키되 절대 그들을 다치게 해서는 안 된다."

백남채의 지시에 내무과장이 즉시 자리를 떴지만, 이미 그의 명령은 권위를 잃고 난 뒤였다. 찬바람이 불어왔다. 섬뜩한 느낌이 드는 스산한 바람이었다. 군중의 시위는 점점 더 격해졌다.

"탕!"

시내에서 총성이 울린 것은 저녁 무렵이었다. 그 총성은 수많은 사람들을 일순간 경직되게 했다. 곧 어디선가 비명 같은 외침이 들려왔다.

"경찰이 사람을 죽였다!"

그 소리에 성난 군중은 일제히 경찰들을 노려봤다. 그들의 눈에서 불이 일었다. 마치 굶주린 승냥이 떼 같은 그들의 눈빛에 경찰들은 주춤, 하고 한 발 뒤로 물러났다. 그날 밤, 시위 현장에 있던 군중은 '투쟁위원회'를 조직하고 밤새 경찰과 대치했다. 죽기 아니면 살기밖에 더하겠느냐며 몰려드는 그들을 바라보는 백남채의 마음은 무거웠다. 시위 군중의 수가 이미 일만 명으로 불어났다. 학생들이 경찰서에 난입하여 유치장을 부수고 죄수들을 석방시켰다. 또한 서장을 볼모로 잡고 무기와 탄약까지 빼앗았다. 무기력하게 공권력을 빼앗긴 경찰은 무기를 버리고 달아나고, 학생들이 경찰서를 점령했다는 소문은 삽시간에 군중들 사이로 퍼져나갔다.

백남채는 좌익계 시위대의 최우선 공격 대상이었다. 예측 못했던 바는 아니었으나 군중들이 남산동에 있던 백남채의 집을 습격했다. 다행히 가족들은 피신했지만 집은 그들의 손에 파손되고 말았다. 결국 기관총을 갖춘 미군 전투부대가 투입되었다. 전차를 앞세운 그들은 무력으로 군중들을 해산시킨 뒤, 계엄령을 선포했다. 하지만 이미 시민 18명과 경찰 4명이 사망한 뒤였다. 경찰과 민간인이 서로를 죽인, 잔인한 10월이었다. 마치 깜깜한 동굴에 막 발을 들여놓은 것처럼 불안한 나날이 시작된 것이다. 눈은 어둠에 적응하지 못했고, 귀는 너무 열려 있었다. 어느 쪽으로 가야할지, 방향도 알 수 없는 상황에서 경찰과 민간인이, 좌익과 우익이, 그것도 한 핏줄을 나눠

가진 한 민족이 서로를 원수처럼 여기며 으르렁거렸다. 길에서 누군가와 눈길만 마주쳐도 등허리가 서늘해지던 때였다.

며칠 후, 10·1사태를 일단락지은 미군정은 도정의 인사이동을 단행했다. 문책성 인사이동이었고, 10·1사태에 대한 책임을 느끼고 있던 백남채는 내무부장직에서 물러나지 않을 수 없었다.

11 모퉁이 돌

남한에 진주한 미군정은 임시입법기관을 세웠다. 바로 '남조선 과도입법의회'였다. 내무부장직에서 물러난 지 채 육개월도 지나지 않은 때였지만, 백남채는 입법의원 보궐선거에 입후보하여 당당히 당선되었다. 어쩌면 나라를 세우는 이 역사적인 시기에 마지막 봉사의 기회가 될 지도 모르는 일이었다. 해방된 공간에서 가장 먼저 해야 할 일은 '대한민국건국헌법'의 제정이었다. 당장 국가를 세울 법적 기반이 마련되어야 했다. 하지만 소련과 미국이라는 국제정세 속에 놓인 우리나라는 이미 좌우익으로 갈라져 있었고, 그 갈등의 골도 깊어만 갔다. 좌익의 강력한 반대에도 불구하고 남한에서는 우여곡절 끝에 1948년 5월 10일에 총선거를 치루었다. 백남채는 한국민주당 대구부(大邱府)의 병(丙)구역 의원으로 출마하였다. 이미 과도입법의원으로 활동하고 있던 터라 백남채는 많은 사람들의 지지를 받고 너끈히 제헌의원에 당선될 수 있었다.

백남채는 중앙청 쪽으로 시선을 옮겼다. 아침 해가 떠오르고 있었다. 늘 떠오르는 태양이건만 오늘은 유달리 크고 또렷해 보였다. 국회의원으로 당선된 것은 축하받아 마땅한 일이었지만, 백남채는 기쁨보다는 앞날에 대한 걱정으로 밤잠을 이루지 못했다. 돌이켜보면 고단하고 슬픈 시간들이었다. 게다가 남북이 하나 되지 못한 채 첫 국회가 열리는 오늘도 내일도 불안하기는 마찬가지였다. 그렇다고 걱정만 하고 앉아 있어서 될 일도 아니었다. 한참이나 생각에 잠겨 있던 백남채는 회중시계를 꺼내보았다. 해가 떠올랐지만 아직 국회로 가기에는 이른 시간이었다. 그런데도 백남채의 발걸음은 저도 모르게 차고로 향하고 있었다.

"의원님, 나오셨습니까?"

때마침 차고에서 대기하고 있던 운전기사가 얼른 차문을 열었다.

"오늘이 5월 31일이 맞는가?"

차에 오르던 백남채가 운전기사를 돌아보며 물었다. 오늘이 대한민국에서 첫 국회가 열리는 날이란 걸 다시 확인해보고 싶었던 것이다.

"예, 맞습니다, 의원님."

운전기사가 깍듯이 허리를 숙이며 대답했다.

"그런가, 그럼 어서 중앙청으로 출발하게."

아직 국회의사당조차 마련하지 못한 형편이라 중앙청 회의실을 임시 의사당으로 정해두었던 것이다. 차문을 닫으려던 운전기사가 백남채를 슬쩍 올려다봤다. 그 눈길에는 국회로 가기에는 시간이 너무 이르지 않은가요? 하는 질문이 담겨 있었다. 하지만 이미 차에 오른 백남채는 두 눈을 감은 채 말이 없었다. 그날, 백남채의 마음은 그 어느 때보다도 바빴다. 63세라는 적지 않은 나이의 백남채는 중앙청사로 들어서자 가만히 태극기를 바라봤다.

"지금부터 대한민국 독립민주국 제1차 본회의를 개최하도록 하겠습니다."

떨리는 음성이었다. 임시의장으로 선출된 이승만 박사가 상기된 얼굴로 국회개회를 선언했다. 목사인 이윤영 의원이 감격에 겨운 기도를 했다. 모든 의원들은 종교를 초월하여 그 기도에 동참했으니, 대한민국의 첫 국회가 기도로 시작되었다는 것은 예사로운 일은 아니었다. 그 기도가 청사 안을 메아리치는 순간, 백남채의 뇌리에는 그간의 일들이 영사기 속의 필름처럼 흘러가기 시작했다.

이 나라를 위해 작은 모퉁이 돌이 되고자 했던 젊었던 시절 자신의 결심이 새삼스러웠다. 그는 이미 모퉁이 돌 하나의 힘을 알고 있었다. 대구읍성의 버려진 성돌을 모퉁이 돌로 삼았을 때 얼마나 많은 역사가 이루어졌던가! 한 가정을 새로 마련하는 일도 쉬운 일이 아닌데 하물며 나라를 새로 세우는 일이 얼마나 힘들었을까? 그럼에도 불구하고 백남채를 비롯한 국회의원들은 혼신의 노력을 쏟아 부었다. 그들은 이미 나라가 얼마나 중요한지를 지난 36년 동안 몸으로 체험했고, 역사는 또한 그것을 똑똑히 기억하고 있기 때문이었다. 그러나 추진하던 일들이 언제나 뜻대로 되는 것만은 아니었다. 1950년 제2대 국회의원 선거에 백남채는 민주국민당 소속으로 출마했지만 낙선하고 말았다. 크게 절망했다. 일제 36년 동안 얼마나 많은 낙심을 하고 좌절을 했는데, 그것으로 충분하지 않단 말인가?

"콰광! 콰광!"

"인민군이 내려온다!"

그러나 낙심하고 절망할 틈도 없이 같은 해 6월 25일, 한국전쟁이 발발했다. 사람들은 우왕좌왕했고, 폭격 소리는 점점 더 가까워졌다. 이미 예고된 바나 마찬가지인 전쟁에 피난민들은 남으로 줄지어 내려갔고, 한강철교는 끊어졌다. 아수라장이 된 피난행렬에 섞여 백남채도 대구로 돌아왔다. 돌아온 대구에는 이미 많은 피난민들이 몰려와 있었다. 그들은 천막을 치거나 교회의 임시숙소에서 생활했다. 고향에 두고 온 가족들 생각에 눈물짓는 사람도 있었다. 피난 오는 길에 가족을 잃어버린 아이들은 고아원에 들어가거나 걸식을 했다. 임시 수용소에서 미군이 나눠주는 배급으로 근근이 살아가는 이들도 적지 않았다. 차마 눈뜨고 볼 수 없는 광경이었다. 백남채는 눈물을 훔쳤다. 전쟁은 결코 이 백성들의 뜻이 아니었다. 주변 열강들의 싸움일 뿐이었다. 그런데도 가장 고통 받는 건 바로 우리 백성들이었다. 우리 백성들은 그저 가족들과 오순도순 정답게 살길 원했을 뿐이었다. 세 끼 밥을 배불리 먹고 따듯한 방에서 자고 일어나 주어진 제 몫의 일을 하며 사는 것, 그것이 행복이라 믿는 백성들에게 전쟁은 너무 가혹한 형벌이었다.

"하나님, 어찌하여 우리 백성에게 이런 고통을 주십니까? 저들도 당신의 백성입니다!"

"백 선생 계신가?"

남산동 한옥 집에서 거친 호흡을 고르며 병석에 누운 백남채를 찾아 온 손님이 있었다. 서상일이었다. 이미 아침부터 백남채의 사랑방을 꽉 채우고 있던 옛날 대구구락부의 여러 회원들과 남산교회 교우들이 우루루 일어나 들어오는 손님을 맞

동암 서상일 선생상은 대구 원화여고내에 있다.

았다. 그렇게 반가운 얼굴이 찾아 왔건만 백남채는 일어나 앉을 수가 없었다. 나라의 운명을 탄식하며 하루빨리 전쟁이 끝나길 눈물로서 기도하던 백남채의 건강이 급격하게 나빠진 것이다. 한 번 시작된 전쟁은 걷잡을 수 없이 점점 더 기세가 높아가듯이, 폐암 말기 진단을 받은 그의 건강도 이미 주저앉힐 수 있는 방법이 없었다. 백남채는 서상일의 눈길을 피하며 겨우 창문 밖을 향해 하늘을 쳐다봤다. 맑고 푸른 하늘이 제법 높아져 있었다. 백남채와 서상일은 1887년 생 동갑의 나이로 이미 대구구락부 시절부터 동지의 인연을 맺었고, 제헌국회에도 함께 진출할 만큼 각별한 사이였다.

"벌써 가을이 왔구나."

나지막이 웅얼거린 백남채는 눈을 감았다. 감은 눈 속으로 살아온 많은 날들이 한 순간의 꿈처럼 흘러갔다. 구한말에 태어나 한학을 공부했고, 기독교회당에서 안의와 선교사를 만났다. 그를 통해 신학문의 길로 나아갔고, 계성학교에도 다니게 되었다. 전도도 부지런히 하러 다녔다. 시골아이들이 전도대의 뒤를 좇아오며 따라 부르던 찬송가 소리가 들리는 듯 했다.

"그 아이들은 지금쯤 무엇을 하고 있을꼬."

백남채의 입에서 저도 모르게 신음소리가 새나왔다. 중국 유학 시절에 만났던 수많은 이들의 얼굴과 대구에서 만세운동을 함께 했던 이들의 얼굴이 뒤섞여 들었다. 정재순 조사, 김광제 선생, 서상돈 선생, 이만집 목사… 모두가 그립고 아름다운 이름들이었다. 이시영 선생, 김순애 선생……. 그들 가운데에는 이미 세상을 떠났거나 소식이 두절된 이도 있었다. 생각에 잠겼던 백남채는 실눈을 떴다. 그리고 혀로 마른 입술을 축였다. 폐에 병이 든 이후로 자주 입술이 말랐다. 하지만 몸이 쇠잔해진 탓에 마른 입술을 축이기도 귀찮을 때가 많았다. 그런데 오늘은 여느 날에 비해 기운도 나고 몸도 개운했다.

"물 한 잔만 주게."

말없이 곁에 앉아 백남채 이야기에 귀를 기울여주고 있던 서상일이 물을 따랐다. 오래 동안 말라있었던 목을 축인 백남채는 다시 편안한 자세로 누웠다. 꿈결처럼 오래 전에 타계한 우제 선생의 목소리가 들리는 듯 했다.

버들잎은 푸르러 작은 길을 덮는데
홀로 잔을 기울이니 감회가 깊구나.
몇몇 곳을 떠다니며 마음 붙일 곳을 찾았던가.
어디서 들려오는 젊은이의 노래 소리
큰일에 몸 바쳐 천지를 떠도니 마음에는 꺼림이 없다.
…….

백남채가 더 이상 말을 잇지 못하자 마치 약속이라도 한 듯 다음 행을 서상일이 받았다.

고개 돌려 고국 길 보니 더욱 아득만 하고
종일 돌아가자 애쓰나 이룰 길 없구나.
망연히 물러서 숲속에 핀 꽃을 꺾는다.

순간, 백남채의 입가에 미소가 번졌다. 눈도 스르르 감겼다. 백남채의 타계를 지켜보던 이들은 소리를 죽인 채 하염없는 눈물을 쏟았다. 전쟁이 한창이던 1951년 10월 2일이었다. 그 며칠 뒤, 백남채는 성당 못이 보이는 두류산 자락에 안장되었다. 지인들이 그의 마지막 가는 길을 배웅하고 돌아섰다.

파란만장한 한 시대를 살아온, 대구를 대표하던 독립운동가요 정치인으로 석천(石泉)이라는 호를 가졌던 백남채(白南採; 1887-1951). 그는 이렇게 세상을 떠났다. 정부에서는 1977년에 그에게 대통령 표창 애족장을 추서했다. 그리고 아마도 천국에서는 하나님께로부터 이러한 돌 판을 선물로 받았을 것이다.

보라 내가 택한 보배롭고 요긴한 모퉁이 돌을 시온에 두노니 저를 믿는 자는 부끄러움을 당치 아니하리라 하였으니, 그러므로 믿는 너희에게는 보배이나 믿지 아니하는 자에게는 건축자들의 버린 그 돌이 모퉁이의 머릿돌이 되고 (벧전 2:6-7)

부록

백남채 연보

1887년 1월 1일 경상북도 경산군 용성면 송림리에서 부친 백용달(白龍達)과 모친 안순이(安順伊)의 4형제 중 장남으로 출생

1905년을 전후로 기독교 신앙에 입문 추정

1908년 9월 15일 대구 계성학교 입학

1909년 자인읍교회 집사 임직

1910년 중국 협화대학 유학, 중국 체류 중 독립운동가들과 교류

1918년 대구 계성학교 교사로 부임

1919년 1월 5일 대구 남산교회 장로로 장립

1919년 3월 7일 대구 3.8 만세운동을 준비 중 예비검속 당함

1919년 3월 8일 대구 3.8 만세운동 발발

1919년 3월 10일 대구 제2차 만세운동 발발, 계성학교 휴교령

1919년 6월 27일 보안법 및 출판법 위반으로 징역 2년 선고 후 옥고(1년 6개월)

1920년 7월 석방, 조선연화회사를 설립 운영하여 독립군 군자금 조달에 참여

1921년 12월 2일 교남기독교청년회(대구 YMCA)의 발회식의 발기인으로 참여

1922년 민중의 계몽을 위한 여러 차례 강연회 개최

1922년 대구 독립운동의 산실인 조양회관 건립 책임을 맡음

1923년 대구의 유지들로 구성된 대구구락부 창립의원으로 활동

1926년 희원학교와 순도학교의 병합으로 설립된 희도보통학교의 이사장에 취임

1927년 신간회 활동에 간접적으로 참여하며 자금을 지원

1927-1930년 대구학교 평의회 의원

1929-1930년 대구상업회의소의 의원으로 활동

1936년 대구요업주식회사 대표이사로 취임

1938년 기독교대구연합회의 재무위원으로 활동

1945년 해방 後 '건국준비위원 경북치안유지회'의 부위원장으로 활동

1945년 11월 대구의 미군정의 내무부장으로 치안을 책임짐

1945년 9월 한국민주당 대구시당의 수석총무

1946년 10월 1일 대구 10.1 폭동사건 발생, 피해를 입음

1946년 12월 16일 미군정의 내무부장 사직

1947년 4월 24일 보궐선거로 '남조선 과도입법의원'에 당선되어 선서식 거행

1948년 5월 10일 총선거에서 한국민주당 대구부 병구에서 제헌의원으로 당선

1950년 제2대 국회의원 선거에서 이승만을 반대한 민주국민당 소속으로 출마하여 낙선

1950년 6월 25일 전쟁으로 고향 대구로 피신

1951년 10월 2일 폐암으로 사망

1977년 대구 3.1만세 운동에 참여한 공로로 대한민국 대통령 표창 애족장이 추서됨

참고문헌

거리문화시민연대, 『대구신택리지』, 북랜드, 2007.

카와이 아사오 저, 손필헌 역, 『대구이야기』, 대구중구문화원, 1998.

김일수, 「한말 · 일제시기 대구의 도시성격 변화」, 『대구 근대의 도시발달과정과 민족운동의 전개』, 계명대학교개교 50주년준비위원회, 2004.

박경숙, 『약방집 예배당』, 홍성사, 2006.

김병희 편역, 『경북교회사』, 코람데오, 2004.

박창식, 『미국 북장로교회의 영남지방 선교와 교회형성(1893-1945)』, 계명대학교 학위논문, 2005.

이재원, 『대구기독교역사논문집』, 프린트뮬, 2006.

전재규, 『동산병원과 대구 3·1독립운동의 정체성』, Timebook, 2003.

『대한매일신보』, 국가전자도서관 http://www.dlibrary.go.kr/.
『계성100년사』, 학교법인 계성학원, 2006.
『계명대학교50년사』, 계명대학교 출판부, 2004.
『신명100년사』, 신명고등학교, 2007.
『동산의료원100년사』, 동산의료원, 1999.
『대한예수교장로회 대구제일교회백십년사』, 대한예수교장로회 대구제일교회, 2004.
『대구남산교회70년사』, 대구남산교회, 1987.

모퉁이 돌

민족의 미래를 위해 벽돌을 구워 낸 백남채

지은이 | 김중순
펴낸이 | 최도욱
펴낸곳 | 소통
표지 · 본문 그린이 | 박영돈
편집 디자인 | 박진희

등록 | 제504-14-71741호
주소 | 서울특별시 금천구 시흥동 금천로44 1단지 상가 1-217
전화 | 02-895-3080
팩스 | 02-895-3330
이메일 | sotongpub@gmail.com, chio7417@hanmail.net

ISBN 978-89-93454-24-6 03230
978-89-93454-23-9 03230

값 12,000원

* 잘못 만들어진 책은 구입하신 서점에서 교환해 드립니다.

이 도서의 국립중앙도서관 출판시도서목록(CIP)은
e-CIP 홈페이지(http://www.nl.go.kr/cip.php)에서 이용하실 수 있습니다.
(CIP제어번호: CIP2010000672)